Casy M. Dinsing
Warum bist du nicht, wie ich dich gern hätte?

Casy M. Dinsing
Mit Shirley Michaela Seul

Warum bist du nicht, wie ich dich gern hätte?

Wie die Liebe den Beziehungsalltag überlebt

 KÖSEL

Der Verlag behält sich die Verwertung der urheberrechtlich geschützten Inhalte dieses Werkes für Zwecke des Text- und Data-Minings nach § 44 b UrhG ausdrücklich vor. Jegliche unbefugte Nutzung ist hiermit ausgeschlossen.

Im Buch vorkommende Personen und Einrichtungen wurden zur Wahrung des Persönlichkeitsrechts verfremdet. Jede Ähnlichkeit mit lebenden oder toten Personen sowie Einrichtungen ist rein zufällig und in keiner Weise beabsichtigt.

Penguin Random House Verlagsgruppe FSC® N001967

Copyright © 2023 Kösel-Verlag, München,
in der Penguin Random House Verlagsgruppe GmbH,
Neumarkter Str. 28, 81673 München
Umschlag: FAVORITBUERO, München
Umschlagmotiv: © Molibdenis-Studio / Shutterstock.com
Redaktion: Ralf Lay
Satz: Satzwerk Huber, Germering
Druck und Bindung: GGP Media GmbH, Pößneck
Printed in Germany
ISBN 978-3-466-34806-0
www.koesel.de

Inhalt

Wieso dieses Buch?   9

Wegrennen oder wachsen?   13
  Paar-TÜV   21
  Ich behalte dich, obwohl ich dich nicht will   23
  Auf wie vielen Beinen steht eine gesunde Beziehung?   24
  Drei Fragen, die dich weiterbringen   29

Sprich mit mir!   31
  Die Sprache der Frauen   32
  Die Flut der Wörter   35
  Reden als Rat   40
  Das Mitteilungsbedürfnis der Frauen   42
  Aussitzen   45
  Anders ist sexy   46
  Hör mir zu!   48
  Das Gras ist lang   50
  Indirekt direkt   54

Fragezeichen Frau 56
Komplimente 59
Drei Fragen, die dich weiterbringen 62

Stresstest Alltag 63
Haushaltsdebatten 65
Humor hilft! 68
Hoheitsgebiete 69
Der Reparaturauftrag 70
Arbeitsteilung 72
Stellvertreterstreit 75
Meine Ordnung, deine Unordnung 77
Alles Absicht? 78
Abgrenzung 82
Drei Fragen, die dich weiterbringen 84

Ich brauche dich! 85
Miss Brauch 86
Die gute Absicht 87
Klammern macht klamm 91
Wenn die Angst schwer im Magen liegt 94
Berg-und-Tal-Fahrt 97
Bollwerk gegen die Einsamkeit 99
Zweisam einsam 103
Blick in die Zukunft 109
Drei Fragen, die dich weiterbringen 110

Schau nur mich an! 111
Die Augenweide 111
Shift it statt *lift it*! 119
Lust auf schlechte Laune? Vergleich dich! 121

Der Mangelblick	122
Drei Fragen, die dich weiterbringen	126

Ich weiß, was gut für dich ist 127
Die Pille für den Mann 127
Der Kummer der Kümmerinnen 131
Versteckte Arbeitsteilung 133
Deine Zeit gehört mir 136
Terminamnesie 140
Männer zum Spielen schicken 144
Sturmfrei! 147
Drei Fragen, die dich weiterbringen 148

Liebe! Meine! Familie! 149
Wo liegen meine Wurzeln? 152
Ohne Abnabeln kein Anfang 154
Mitgift 156
Wer schießt auf Bambi? 158
Scherben bringen Glück 165
Erwach(s)en mit achtzehn oder achtzig? 167
Die Schwiegerelternallergie 169
Hotel Mama 172
Papa ist der Beste 175
Helikopter, Rasenmäher und U-Boote 176
Es ist dein Job, dafür zu sorgen, dass ich glücklich bin 178
Drei Fragen, die dich weiterbringen 182

Geld und Geltung — 183
Drei Konten für den geraden Haussegen — 184
Stellvertreterkriege — 186
Von den Warenwerten zu den wahren Werten — 187
Die Wanne ist voll — 189
Etikettenschwindel — 190
Happy wife, happy life — 193
Drei Fragen, die dich weiterbringen — 195

Warum bist du nicht, wie ich dich gern hätte? — 197
Gedankenlesen — 197
Rette mich (nicht)! — 200
Jeder ist viele — 202
Drei Fragen, die dich weiterbringen — 204

Sex und so — 205
Sexmärchen — 206
All in one — 208
Erfahrung macht den Meister — 210
Drei Fragen, die dich weiterbringen — 211

Streitkultur: Verknallung, Verliebung, Verpuffung? — 213

Sprich mit Casy — 219

Online-Zusatzmaterial: Übungsblätter — 221

Literatur — 223

Wieso dieses Buch?

Als ich mit dem Schreiben begann, machte ich mir zuerst keine Gedanken über Frauen oder Männer als »Ansprechpartner«: Es sollte ein Buch über die Liebe werden und wie sie gelingen kann. Liebe ist eines der Hauptthemen, weshalb Menschen mich als Coach buchen. Menschen: Männer und Frauen. Also auch Ansprechpartnerinnen. Liebe ist außerdem eines der schönsten und überhaupt der schwierigsten Themen. Das schön bleiben soll, na klar. Das Schwierige werde ich auf den nächsten Seiten aufdröseln ... damit die Liebe wieder leuchten kann.

In meinen Beratungen, speziell zu Beziehungsthemen, spreche ich sowohl mit Männern als auch mit Frauen, gleich, welcher Orientierung. Aufgefallen bei all diesen Gesprächen ist mir ein fundamentaler Unterschied zwischen den Geschlechtern: Frauen suchen das Gespräch mit mir, *während* es in der Beziehung Probleme gibt. »Was kann ich tun, damit er mich endlich versteht?« Männer suchen das Gespräch, *nachdem* die Beziehung beendet ist – egal, von welcher Seite. Aber dann geht es auch ihnen darum, zu verstehen, nur in dem Fall halt, wieso die Beziehung gescheitert ist. Schade, oder? Hätten sie rechtzeitig miteinander geredet, und zwar wirklich miteinander, statt einander Vorträge zu halten, wer weiß, vielleicht gäbe es die Beziehung dann noch – vielleicht sogar mit einem tieferen Verständnis füreinander.

Als Zweites ist mir aufgefallen, dass bestimmte Streitthemen scheinbar nie aus der Mode kommen. Wenn es kracht, dann wird mit Vorliebe über Geld, Kommunikation, Eifersucht, Zeit oder Familie gestritten. Ausgiebig, langatmig und leider oft auch ohne befriedigendes Ergebnis. Mit Glück gibt es nach dem Streit grandiosen Sex, um die frustrierte Sprachlosigkeit zu überbrücken. Nur leider wird die Kluft zwischen den eigentlich Liebenden – oft langsam, aber sicher – größer. Bis sie nicht mehr zu überwinden ist. Um das zu verhindern, habe ich dieses Buch geschrieben, und ich habe die Themen ausgewählt, die mir in den vielen Beratungen am häufigsten begegnen.

Woran scheitern Paare am ehesten? Was ist typisch, auch für das jeweilige Geschlecht? Geschlechteridentitäten, Rollenzuschreibungen – all das ist in unserer modernen Gesellschaft fluide. Wir müssen nicht mehr bestimmten Rollenbildern entsprechen. Wir dürfen selbst entscheiden, wie wir leben wollen. Ich finde das super. Es entspricht meinem Verständnis von Miteinander und Akzeptanz. Nur manchmal beschleicht mich das leise Gefühl, dass, so offen und frei alles auch sein mag, wir doch nicht immer so leicht aus unserer Haut oder unserem Geschlecht rauskönnen. Auch wenn es in den sozialen Medien anders aussehen mag.

Es gibt manche Verhaltensweisen oder Denkmuster, die sich eben doch stärker bei Männern oder bei Frauen beobachten lassen. Wir überspitzen das in Comedy und Satire und haben unseren Spaß daran, zum Beispiel dass Frauen deutlich mehr reden als Männer. Es gibt unzählige Witze und Anekdoten zu den Wortfluten der Frauen im Gegensatz zur Wortwüste der Männer. Im

Einzelfall ist das sicherlich nicht so pauschal zu sagen oder vielleicht sogar falsch. Aber wenn wir ehrlich sind, dann lachen wir darüber, weil wir uns auch ein wenig ertappt fühlen. Wir erkennen uns in Klischees, sie sind uns vertraut.

In meinen provokativen Coachings merke ich immer wieder, dass das Verständnis für bestimmte Phänomene steigt, wenn ich sie überspitze. Dazu zählen auch Geschlechterzuschreibungen. Er ist natürlich immer so und so, und sie versteht natürlich nie, dass ... Und deshalb bediene ich mich hier und da solcher Überzeichnungen, wohl wissend, dass der und die Einzelne ein wenig anders ist.

Alle Fallbeispiele in diesem Buch sind echt, selbstverständlich verfremdet. Ich hoffe, dass du, liebe Leserin, Impulse und Ideen für deine Beziehung und zur Lösung eurer Herausforderungen mitnehmen kannst. Und falls du noch weitere, über das Buch hinausgehende Unterstützung wünschst, findest du am Ende des Buches einen Link zu Übungsblättern als Online-Zusatzmaterial.

Ein Wort zum Gendern: Ich habe mich entschieden, mit diesem Buch vor allem Frauen anzusprechen. Deshalb wähle ich bewusst die weibliche Ansprache. Wo es nötig ist, differenziere ich die Geschlechter. Solltest du ein Mann sein: Ich freue mich sehr, dass du da bist!

Wegrennen oder wachsen?

Ich verstehe nicht, wieso er das nicht versteht.
Es liegt doch auf der Hand.
Wenn ihm unsere Beziehung so viel wert wäre wie mir, würde er ...

Ich weiß nicht, was sie will.
Ich mache doch alles, was ich kann.
Muss man wirklich über alles immer reden?

Das kommt drauf an, wen man fragt. Wer unzufrieden mit einer Beziehung ist, wird vermutlich zustimmen: Ja, natürlich muss man darüber reden! Und wenn es nötig ist, fünf-, zehn-, zwanzigmal, stundenlang. Bis eben alles geklärt ist. Aber manchmal lässt sich etwas nicht klären, das ist eigentlich normal. Von einer Beziehung erwarten wir allerdings oft Übermenschliches. Die totale Harmonie. Kann eine Beziehung das überhaupt leisten? Und muss immer alles geklärt sein, was insgeheim oft bedeutet, dass du tust, was ich will ...? Oder darfst du du sein und ich ich, und wir begegnen uns auf Augenhöhe?

Eine gesunde Liebesbeziehung kann unendliche Kraft entfalten. Deshalb ist auch alles möglich. Sogar dass man zusammenbleibt, obwohl einer immer reden will und der andere am liebsten gar nicht und schon gar keine POGs, problemorientierte Beziehungsgespräche, führen möchte. Und dann? Hat man es schwer miteinander. Eine konfliktreiche Beziehung lastet wie eine dunkle Wolke über dem eigenen Empfindungshorizont. Das Leben macht keine Freude mehr, alles erscheint grau, drückend, dauernd denkt man an die schwelenden Konflikte, fühlt sich vielleicht abgelehnt, ungeliebt, verunsichert. »Soll ich mich von ihm trennen? Aber was kommt danach?« Und: »Warum bist du nicht mehr so, wie du mal warst?« Je mehr man sich auf die Probleme konzentriert, desto größer werden sie – und irgendwann verdrängen sie den ersten Blick. Als es Peng machte. Als ich mich ungeplant und unerwartet verknallte.

Erinnerst du dich noch an diesen magischen Moment, als du plötzlich gespürt hast, dass er oder sie »es« sein könnte?

Üblicherweise dauert dieser verknallte Zustand nur kurz, es ist diese wunderbare magische unsichere Zeit ganz am Anfang. Der andere besetzt Herz, Hirn und Hormone und man kann nichts dagegen tun. Man weiß nur, man will möglichst viel Zeit mit dieser Person verbringen und sie besser kennenlernen, Wenn es in diesem Zeitraum nicht zur Verpuffung, sprich Desillusionierung kommt, entfaltet sich Verliebtheit. Während die Verknallung noch von Leichtigkeit und Unverbindlichkeit geprägt ist, wird es bei der Verliebtheit verbindlicher und ernster. Aus ihr kann Liebe erblühen, inklusive Dornen, ein bisschen Unkrauts und des einen oder anderen Ungeziefers. Früher sprach man vom verflixten siebten Jahr, in dem Beziehungen häufig auseinandergingen. Heute hat sich das, wie so vieles andere auch, beschleunigt. Es ist statistisch das vierte Jahr, in dem sich die Geister und

Herzen scheiden. Man hat sich ein festes Bild vom Partner gemacht, das leider anders aussieht, als man sich das gewünscht hatte. »Du bist ja gar nicht so, wie ich dachte, dass du bist.« Wie soll aus so einem Resümee wahre Liebe wachsen können? Liebe wächst, wenn man aufrichtig bereit ist, zumindest zu versuchen, den anderen so wahrzunehmen und zu lassen, wie er ist. Unter dieser Voraussetzung kann aus Verliebtheit etwas Wunderschönes entstehen, nämlich echte, wahre, tiefe und erfüllende Liebe. Und dann geht man ins fünfte Jahr. Oder man zögert und zaudert: ein Tanz auf der Klippe.

In einer solchen Phase der Ratlosigkeit, die oft mit sehr hohem Leidensdruck verbunden ist, kommen die meisten Menschen zu mir, wie gesagt mehr Frauen als Männer, weshalb ich mich dafür entschieden habe, den Doppelpunkt wegzulassen und überwiegend von Klientinnen statt Klient:innen oder dergleichen zu schreiben.

Frauen haben tendenziell ein größeres Interesse am Innen- und Beziehungsleben. Sie wollen verstehen, warum etwas so ist, wie es ist, während Männer tendenziell hinnehmen, was ist, ohne es groß zu hinterfragen. Sie sind mehr auf der Sachebene zu Hause als auf der Beziehungsebene. Dieses Verhalten liegt an der Evolution der Menschheit. Um ein Mammut zu erlegen, was ein Männerjob war, brauchte man nicht zu diskutieren. Sehr wohl aber, wenn man als Frau in der Gruppe Kinder beschützte und großzog. Dies erfordert viel Einfühlvermögen und Kommunikation und sollte möglichst gewaltfrei stattfinden.

Beide Kommunikationsstile haben Vor- und Nachteile. Einmal kann es die richtige Entscheidung sein, ausführlich und detailliert über ein Problem zu sprechen, ein anderes Mal kann es besser sein, einfach zu machen, statt lang und breit zu diskutieren. Es geht also um Flexibilität, um Wahlfreiheit. Oft bin ich in Beziehungsfragen als Dolmetscherin tätig, indem ich Frauen erkläre, wie Männer, und Männern, wie Frauen ticken. Nicht alle, aber viele. Ehrlich: die meisten.

Man könnte meinen, diese biologistische Sicht sei längst überholt. Wir senden ja keine Rauchzeichen mehr, sondern simsen, wir durchleuchten das Gehirn und knacken den Gencode. Im humanistischen Menschenbild beschäftigen wir uns mit Ressourcen und Potenzialen, nicht mit Mammuts. Ja, das ist richtig, aber das andere ist deswegen nicht weg. Es findet sich noch in unserem Gehirn. Unsere biologische Herkunft zu ignorieren, bringt gar nichts, es verschärft nur das Problem, da wir uns sonst gegen etwas auflehnen, was in uns angelegt ist. Gerade so, als würden wir ständig darüber diskutieren, warum wir nicht drei Arme statt nur zwei hätten, wo drei doch viel praktischer wären. Wir haben aber nicht drei, sondern zwei.

Die meisten Männer oder Frauen reagieren in gewissen Lebensbereichen unterschiedlich, aber für ihr Geschlecht tendenziell typisch. Das passt nicht gerade zu meinem Lebensgefühl und auch nicht zum Zeitgeist. Doch die Erfahrungen in meinen Coachings sprechen eine deutliche Sprache. Das gilt nicht für alle und jeden, es geht nicht darum, Geschlechter wieder festzulegen, sondern nur darum, anzuerkennen, dass es zwischen Männern und Frauen biologisch angelegte Muster gibt, die eben auch heute noch in uns wirken. Ich hätte es manchmal gern anders, aber es ist, wie es ist, und meine männlichen Persönlichkeitsaspekte geben sich damit zufrieden. Die gibt es nämlich auch noch, ebenso wie weibliche bei Männern. Und so schließen sich die Kreise ... und verbinden sich – und auf einmal finden wir uns im Beziehungskarussell.

Auch wenn wir also meinen, wir wären rundum fortschrittlich, gibt es dennoch einen Teil in uns, der ein bisschen stehen geblieben ist, obwohl wir so schlau sind und reflektiert und wortgewandt und medial aufgeklärt. Dieser Teil braucht gelegentlich Anschubhilfe für die Beziehungen im 21. Jahrhundert.

Hinzu kommt, dass wir als Menschen Augentiere sind. Das heißt, unsere Wahrnehmung ist nach außen gerichtet. Deshalb vermuten wir Probleme in der Regel außerhalb, heißt: nicht in uns selbst. Wir können also nichts dafür? An uns liegt es nicht? Die anderen sind schuld? Das fühlt sich erst mal angenehmer an, doch wenn wir unseren eigenen Anteil übersehen, übersehen wir auch den Schlüssel zur Lösung. Der versteckt sich mit Vorliebe bei uns selbst. Gerade auch wenn eine Beziehung in Schräglage geraten ist. An sich zu arbeiten, bedeutet, sich mit Unsicherheit auseinanderzusetzen. Bin ich denn richtig, so wie ich bin? Eine solche Frage bereitet Unbehagen, ja, macht vielleicht sogar Angst. Deshalb ist es verlockend, auf den anderen zu schauen und zu diagnostizieren: Der hat ein Problem. Ich bin völlig in Ordnung.

Nicht selten wünschen sich meine Klientinnen, dass ich ihre Sichtweise bestätige. Doch das ist nicht mein Job. Ich führe sie – liebevoll, mit einem Augenzwinkern und viel Halt – durch den zuweilen auch schmerzhaften Prozess, an dessen Ende die Erkenntnis steht: Als Teil der Beziehung habe ich einen Teil zu den Problemen beigetragen.

Gerade was Kommunikation betrifft, haben Frauen die Nase vorn, und auch in ihrer Fantasiebegabung erlebe ich sie meistens vielschichtiger als Männer. Deren Stärken liegen woanders, und zwar nicht nur im Bizeps. Frauen denken sich alles Mögliche aus, Männer können da oft nicht folgen. Wie sagte einmal ein Bekannter, als er dem Gespräch zweier Frauen zuhörte, die ganz »normal« Pingpong spielten mit Wörtern? »Nach spätestens drei Minuten über-

fällt mich ein Gefühl der Benommenheit, dann wird mir schwindlig, und ich schalte ab. Denn da komme ich nicht mehr mit.«
Vielleicht engagieren wir Frauen uns deshalb so stark darin, Männern auf die Sprünge zu helfen? Nein, wir verfolgen schon auch eigene Interessen damit, und die werde ich auf den folgenden Seiten beleuchten. Deshalb an dieser Stelle ein dickes Danke an all meine Klientinnen, die den Mut haben und hatten, auch unbequeme Erkenntnisse zuzulassen.

Um uns Frauen dabei zu unterstützen, etwas zum Guten zu verändern, muss ich hin und wieder die Lupe draufhalten. Bis es raucht. Dann gibt es ein reinigendes Feuer, und gut ist. Bei uns selbst können wir etwas verändern, nur bei uns selbst. Eine Binsenweisheit – und doch in ihrer Tiefe häufig nicht verstanden. Indem wir zum Kern eines Problems vorstoßen, stellen wir auch alle Überzeugungen und Meinungen infrage, die uns vielleicht durch Jahre und Jahrzehnte getragen haben. Im Coaching bringen wir sie auf den Prüfstand und kontrollieren, ob die eigene Sicht auf die Welt tatsächlich so klar ist, wie wir gern glauben wollen. Oder haben wir ein paar Filter vorgeschaltet, die es uns erschweren, die Dinge so zu sehen, wie sie sind?

Welche Brille hast du gerade auf? Merkst du überhaupt, dass du eine trägst? Welche Farbe haben die Gläser? Alles rosarot und siebter Himmel? Dann bist du vermutlich frisch verknallt ... genieße jede Sekunde! Die Optik schon ein bisschen getrübt? Unsicherheiten wie Schlieren. Ist er wirklich Mr. Right? Oder sind die Gläser ziemlich trüb geworden: Liebt er mich noch? Bin ich überhaupt liebenswert? Bitte, diesmal muss es gut gehen!

Oder liest du dieses Buch mit einem Marker in der Hand, mit dem du alle Passagen markierst, die dein Partner lesen soll, damit er endlich kapiert, was er tun muss, damit ihr glücklich seid? Was glaubst du, welche Passagen er für dich markieren würde? Kannst du dich darauf einlassen, dass es auf deiner Brille trotz eifrigen Putzens den einen oder anderen blinden Fleck geben könnte, und bist du neugierig, und hast du Lust darauf, dich auf eine neue Sicht einzulassen?

Willkommen in meinem Buch! Womöglich kennst du mich bislang nur von meinem YouTube-Kanal »Better Call Casy« oder überhaupt noch nicht. Ich bin Casy, psychologischer Coach, und ich helfe Menschen, ihr Leben mutig und selbstbestimmt zu leben. Ein besonderer Fokus meiner Arbeit liegt auf Beziehungen, denn da, wo wir in Beziehung sind, entsteht das größte Glück und manchmal auch das größte Elend. Unsere Gefühle, Annahmen über uns und den anderen, unsere Prägungen, Überzeugungen und Ängste, sie alle spielen mit in unsere Beziehungen rein und können sie beflügeln oder zum Absturz bringen. Damit es nicht zu Letzterem kommt, freue ich mich sehr, dir auf den folgenden Seiten hoffentlich die eine oder andere Erkenntnis zu vermitteln oder dich daran zu erinnern, dass du die doch schon mal hattest. Das ist nämlich das Blöde an Erkenntnissen: Man vergisst sie immer mal wieder. Je nachdem, durch welche Brille wir schauen, nehmen wir unsere Umwelt wahr, und entsprechend fühlen wir uns. Alles, was wir über uns selbst glauben, hat Einfluss darauf, was wir über andere glauben.

Häufig gibt es in meinen Coachings einen Moment der Klarheit. Plötzlich begreift jemand einen tieferen Zusammenhang. Es ist fast ein bisschen wie die Liebe auf den ersten Blick. Wenn es Peng macht. Man weiß mit tiefster Überzeugung, dass er oder sie der/die Richtige, dass eine Erkenntnis sozusagen ein Volltreffer ist.

Und dann fängt eine neue Geschichte an. Eine reifere Sicht auf sich selbst führt nicht nur zu einer neuen Begegnung mit dem Partner; das ganze Leben erscheint sonniger. Beziehungen können nie gekannte Qualitäten erreichen. Manchmal erfahren sie zum ersten Mal Augenhöhe. Oder man stellt fest, dass man sich, meistens aus unbewussten Ängsten, sozusagen unter Wert verkauft hat. Eine Beziehung mit einem Menschen einging, die einem nicht guttat »beziehungsweise« nur einem Teil der Persönlichkeit. Dann verhilft die neu gewonnene Klarheit zum Mut für eine Trennung – mit einer guten Prognose für die nächste Beziehung. Denn sonst bindet man sich immer wieder an das gleiche Problem, wenn es auch jedes Mal einen anderen Namen tragen mag. Eine Klientin formulierte es einmal so: »Ob Patrick, Thomas oder Christian, im Grunde genommen war ich immer mit meiner Angst vor dem Alleinsein zusammen.«

Wenn es in Beziehungen Stress gibt, dann geht es nicht darum, wer am Ende recht hat, sondern darum, wie wir einen Weg zueinander finden, um gemeinsam weiterzugehen. Wenn einer immer gewinnen will, wird es auch immer einen Verlierer geben und keine Augenhöhe. Sie ist aber die Voraussetzung für eine langfristig glückliche Beziehung.

Manche Menschen haben diese Wertschätzung noch nie erlebt, in der beide Partner ihre Wünsche und Bedürfnisse ernst nehmen und deshalb bereit sind, eigene Ansichten und Positionen zugunsten eines guten Miteinanders infrage zu stellen. Muss man »sich selbst aufgeben« in einer Beziehung? Nein, die Schnittmenge suchen! Aus dieser Strategie besteht das gemeinsame Glück, und es währt deutlich länger, als wenn man versucht, den anderen so zu verbiegen und zu formen, dass er in das Bild passt, das man sich gemacht hat.

Ich glaube, es gibt nichts Schöneres als echte tiefe Liebe. Sie ist wie eine gemeinsame Reise, ein Sich-Finden, -Verlieren und -Wiederfinden, ein Miteinander-Ringen und Sich-ineinander-Verweben. Und das weiß ich nicht nur aus meiner Arbeit, sondern auch weil ich seit mehr als zwanzig Jahren denselben Mann an meiner Seite habe und mit ihm durch alle Phasen von Verstehen, Nichtverstehen, von Lieben, »Das kann doch gar nicht sein, wie der ist« und all diesen Aufs und Abs gegangen bin und ihn nicht missen möchte.

Paar-TÜV

Die oft zitierte Liebe auf den ersten Blick ist genau genommen nur ein Auftakt, denn bis eine Liebe sich festigen kann, damit sie dauerhaft gute Chancen hat, durchläuft sie verschiedene Phasen. Manche davon sind mit viel Sehnsucht verbunden, besonders wenn sie vorbei sind, wie diese wunderbaren ersten Tage und Nächte mit den »Schmetterlingen im Bauch«. Doch die ziehen irgendwann weiter.

Was geschieht, wenn der rosa Lack abfällt, wenn sich zunehmend grauer Alltag einschleicht oder man Eigenschaften aneinander entdeckt, die man gar nicht so toll findet? Waren die eigentlich schon immer da, oder konnte man die wegen der rosaroten Brille nicht sehen?

Liebe macht blind. Ja, es ist eine Kunst, beim Zusammenprall mit der Realität nicht in Versuchung zu geraten, den anderen so lange verbiegen zu wollen, bis es passt. Oder gar von einer Fernbedienung zu träumen, mit der man ihn programmieren kann. Sich stattdessen gemeinsam auf den Weg zu machen, gemeinsam herauszufinden: Wie können wir uns gegenseitig bereichern, statt uns zu behindern? Und dafür die richtigen Worte zu finden, damit sich keiner gekränkt fühlt und dichtmacht. Und bitte nicht zu glauben, dass man als Paar versagt, wenn diese

Schwierigkeiten auftreten. Sie sind normal! 24/7 happy ist eine Marketinglüge. Nach den ersten Phasen der Verknallung und Verliebung kommt es in jeder Beziehung zu Zeiten der Irritation. Wie sollte es auch anders sein, wenn zwei Lebensmodelle mit unterschiedlichen Überzeugungen aufeinandertreffen? Nicht umsonst heißt es: Drum prüfe, wer sich ewig bindet. Ein bestandener Paar-TÜV hält wie der technische nicht bis in alle Ewigkeit. Lebendige Beziehungen bleiben dynamisch, durchqueren in Intervallen immer wieder Täler, um dann erneut Gipfel zu besteigen. Seit' an Seit' durch die Jahre und Jahrzehnte. So wird die Liebe zu einer Geschichte, einer Liebesgeschichte, die zwei Leben prägt.

Früher hatten Paare sehr wenige Möglichkeiten, über den Tellerrand ihrer eigenen Beziehung hinauszuschauen. Heute gibt es Angebote zuhauf, einer Beziehung in Schräglage wieder ins Lot zu verhelfen. Manche Klientinnen wünschen sich vor allem den Honeymoon zurück. Doch viel wichtiger für eine gesunde Beziehung ist es, seine eigenen Bedürfnisse und die des Partners zu kennen. Und dann verwebt man sich noch ein Stück mehr ineinander und geht weiter, und die nächste Irritation taucht auf, weil wir uns weiterentwickeln – als Individuen und als Paar. Sehr häufig werden diese Entwicklungen jedoch ignoriert, und dann stellt man eines Tages erschrocken fest: »Wir haben uns auseinandergelebt.« Diesen Satz habe ich schon oft gehört. Er bedeutet aber noch lange nicht, dass eine Trennung ins Haus steht.

Wie können wir unsere Liebe trotz mancher Irritationen leben, die durch vielleicht große Persönlichkeitsunterschiede entstehen? Um dann vielleicht eines Tages festzustellen, wie viel Reichtum gerade in diesen Unterschieden steckt, weil sie uns eine andere Sicht auf das Leben und Entfaltungspotenziale im Sinne von

»Durch dich lerne ich mich von ganz neuen Seiten kennen« ermöglichen. Das ist etwas anderes als kleben bleiben.

Ich behalte dich, obwohl ich dich nicht will

Dieses Paradox begegnet mir in vielen Gesprächen mit Frauen. Männer merken das vielleicht gar nicht, ja, sie sind zuweilen ein bisschen »hartfühlig«, was aber gar nicht so schlecht ist. Da können wir von ihnen lernen – wie auch sie von uns. Die heutige Männergeneration ist nicht mehr zu vergleichen mit den harten Kerlen vergangener Jahrzehnte. Sie wollen verstehen, was zwischen ihnen und der Frau passiert. Und das braucht halt Übung.

Doch zurück zu den »Behalterinnen« von Männern, die sie eigentlich nicht mehr wollen. Sie verlieben sich in einen Mann, den sie total attraktiv finden, weil er »so anders ist«. Nach kurzer Zeit setzen sie alles daran, ihn ihrer vertrauten Welt einzuverleiben. Dabei wissen sie oft ganz genau, dass das nicht funktionieren wird. Bei seinen Vorgängern hat es auch nicht geklappt. Ja, sie haben sich vielleicht sogar geschworen, so etwas nie mehr zu tun: keinen Mann zum Projekt zu erklären, das es zu optimieren gilt. Und dann passiert es doch wieder.

Warum ist das so? Warum versuchen sie immer wieder, den Mann auf ihre eigenen Bedürfnisse umzuprogrammieren? Es wäre doch viel interessanter, die Programme kennenzulernen, die ein neuer Mensch in unser Leben bringt.

Doch die betreffenden Frauen haben noch nicht erkannt, dass ihre Probleme nicht an den Männern liegen, sondern an ihren Auswahlkriterien. Solange sie diese nicht verändern, werden sie immer wieder zum falschen Mann greifen und sich dann wundern, wieso es nicht funktioniert. Sind wir uns unserer inneren Programmierung nicht bewusst, dann folgen wir ihr immer wieder und bekommen dadurch auch immer wieder dieselben Schwierigkeiten. Wenn wir also unsere Beziehungsprobleme lösen wollen, die immer wieder auftreten, müssen wir etwas wirklich Neues wagen, nämlich nicht mehr versuchen, den anderen umzuprogrammieren, sondern uns selbst. Nicht den Mann oder die Frau wechseln, sondern unser Verhalten variieren – was aber nicht bedeutet, sich jetzt komplett an den anderen anzupassen, sondern sich bewusst für das eigene Wachstum zu entscheiden, Veränderungen zu wagen und sich darauf einzulassen, was dann passiert. Das wirklich Eigene zu entdecken und aus diesem Standing heraus den anderen zu suchen.

Es ist ein bisschen so, wie wenn man eine tolle Klamotte an einer anderen Frau sieht und sich das Teil ebenfalls kauft. Doch es sieht nicht so gut aus wie an der anderen Frau. Jede ist anders. Jeder steht ein anderes Kleidungsstück, ein anderer Mann. Die Herausforderung lautet: Finde, was zu dir passt, nicht, was du glaubst, das passen sollte, oder was gerade angesagt ist. Kann ja sein, dass andere treue Buchhalter langweilig finden. Aber wenn das der Typ Mann ist, bei dem du dich wohl und geborgen fühlst, dessen Zuverlässigkeit du schätzt und mit dem du prima Kreuzworträtsel machen kannst und sehr viel Spaß hast, dann ist das doch ... fünf Buchstaben: am Anfang ein »s«, in der Mitte ein »p«!

Auf wie vielen Beinen steht eine gesunde Beziehung?

Ich erinnere mich an eine Frau, die sehr enttäuscht war, weil ihr Freund sich stets bedeckt hielt, wenn sie ihn um Rat bei Entscheidungen fragte. Egal, ob es um ein neues Sofa in ihrer Wohnung ging oder ob sie den Job wechseln sollte. »Ich bin ihm gleichgültig«, interpretierte sie. Eines Tages sagte sie ihm das auch. Doch er »zog sich aus der Affäre«, wie sie es interpretierte, indem er sie darauf verwies, dass das neue Sofa doch *ihr* gefallen müsse, nicht ihm.

»Aber was ist, wenn wir mal zusammenziehen, dann ist es doch auch *sein* Sofa. Also will er nicht mit mir zusammenwohnen …« Wir Frauen sind megamegamega beim Interpretieren, da kommt kein Durchschnittsmann hinterher, so schnell, wie wir wissen, was läuft!

Weil er ihr beim Jobwechsel keinen konkreten Ratschlag gab, sondern sie nach den Vor- und Nachteilen des bisherigen und eventuell neuen Jobs fragte, fühlte sie sich allein gelassen. »Einmal, wenn ich ihn brauche! Einmal, wenn ich ihn um Rat frage!«

»Ein Rat ist keine Entscheidung«, sagte ich, denn es war ja sehr deutlich geworden, dass sie Angst davor hatte, sich falsch zu entscheiden. Sie wünschte sich, dass ihr Freund ihr Entscheidungen abnahm. Was er wiederum nicht wollte, was nachvollziehbar ist; denn wenn sich seine Wahl als die falsche herausstellen würde, trüge er die Verantwortung, wäre er »schuld«.

Meine Klientin wollte ein Sicherheitsnetz, und das überforderte ihren Freund. Nachdem das offengelegt war, ging es darum, wie sie selbst für sich sorgen konnte. Ihren eigenen Bewertungen zu vertrauen und, darauf basierend, die dann in diesem Moment für sie richtige Wahl zu treffen, die sie selbstverständlich mit ihrem Freund besprechen konnte. Aber nicht, damit er für sie eine Entscheidung träfe. Sollten sich ihre Entscheidungen langfristig als falsch herausstellen: *Shit happens* …

Auf einmal fiel ihr ein Bild dazu ein, das die Wende für sie brachte. »Es ist ja so, als wäre ich in meinem eigenen Leben nur eine Beifahrerin«, sinnierte sie. »Ich überlasse das Steuer für mein Leben sozusagen meinem Freund. Er kann hinfahren, wohin er will, er hat das Lenkrad in der Hand, er kann beschleunigen oder bremsen. Er kann auch an einen Ort fahren, wohin ich gar nicht will.« Sie zögerte. »Aber dafür kann ich ja dann nichts. Auf dem Beifahrersitz habe ich ja keine Verantwortung.«

»Ja, das kann schon recht bequem sein«, stimmte ich zu.

»Und ich bin auch nie schuld«, erkannte sie nachdenklich. »Weil ich mich ja nicht entschieden habe. Mitgehangen, mitgefangen.« Sie atmete tief durch »Besser wäre es, ich hätte das Steuer meines Lebens selbst in der Hand. Dann wäre er nicht ›schuld‹, und ich glaube, dann ginge es ihm auch besser. Und noch besser wäre es, wenn wir gar nicht in einem Auto säßen, sondern wenn ich auf meinen eigenen beiden Beinen stehen und gehen würde. Ich brauche niemanden, der mich fährt oder der mich begleitet, wenn ich fahre. Das wäre ja wie betreutes Fahren, betreutes Leben.«

Ja! So kann man das auch sehen. Volltreffer!

Welche Motive leiten dein Handeln?

- Was will ich mit meinem Verhalten bei meinem Gegenüber für mich erreichen?
- Ist es aus meinem Verhalten ersichtlich, was ich eigentlich möchte, oder könnte es zu Missverständnissen führen?
- Warum ist es mir so wichtig, dass mein Partner mir »folgt«?
- Besteht eine Möglichkeit, dass ich mir das, was ich gern von meinem Partner möchte, woanders hole?
- Ist mein Partner überhaupt dazu in der Lage, mir das zu geben, wovon ich glaube, dass es mir zusteht?
- Wie komme ich auf die Idee, dass mir genau das von ihm zusteht?

In Beziehungen verlernen Menschen oft Fähigkeiten, was eigentlich paradox ist, denn eins und eins sollte zwei ergeben, nicht null. Und zwei und zwei vier statt zwei oder drei. Aber auf einmal können sie nicht mehr allein gehen. Gerade so, als fehle ihnen ein Bein. Sie leihen sich dann eins beim Partner, was allerdings keinen sicheren Stand ermöglicht, geschweige denn einen sicheren Gang. Geliehene Beine sind eher Krücken. Seltsam, dass so viele Menschen sie bevorzugen, vor allem Frauen. Zumindest kommt es mir so vor. Und wenn ich dann nachhake, wie das denn in ihrer eigenen Familie so war mit dem eigenen Weg auf eigenen Beinen, sprich der Selbstständigkeit der Frau, dann merken wir oft im Gespräch, dass unsere Selbstbestimmung noch längst nicht so gefestigt ist, wie wir als moderne Frauen vielleicht glauben mögen.

Da fällt mir ein Satz meiner Oma ein: »Kind, heirate einen Postbeamten, dann bist du versorgt.« Wörtlich hat sie das so zu mir gesagt, da war ich elf oder zwölf. Sie selbst war mit einem Postbeamten verheiratet gewesen, hatte den Krieg in Berlin erlebt, und in der Nachkriegszeit hatte sein Einkommen ihrer beider Überleben gesichert. Diese Sehnsucht nach Sicherheit hat sie auf meine Mutter übertragen. Die war allerdings schon ein bisschen weiter in ihrer Entwicklung und sagte zu mir, als ich nach der Schule überlegte, was ich studiere, dass ich auf jeden Fall etwas auf Lehramt studieren solle, denn wenn ich Beamtin wäre – statt einen zu heiraten –, dann wäre ich sicher versorgt.

Ich habe mich auch von dieser Vorstellung freigeschwommen, aber es hat ein bisschen gedauert. Es war mir immer klar, dass ich auf gar keinen Fall Lehrerin oder Beamtin werden wollte. Aber ein ziemlich starkes Bedürfnis nach Sicherheit hatten die beiden mir schon »eingepflanzt«, und das stand meinen eigentlichen Sehnsüchten eine ganze Zeit lang im Weg. Erst als es mir gelang, dieses Bedürfnis ein gutes Stück – nicht gänzlich – loszulassen, kam ich in den Flow meines Lebens.

Ich sehe es sehr oft, dass Menschen, die eigentlich alles haben, was sie brauchen, um selbstbewusst, souverän und selbstbestimmt durchs Leben gehen zu können und somit auch selbstbewusst und frei zu leben, sich das nicht trauen. Sie hüpfen auf einem Bein herum, immer in Gefahr, die Balance zu verlieren, was dazu führt, dass sie sich noch mehr auf den anderen verlassen, der sie ja stützen muss.

»Wie hast du das eigentlich früher gemacht?«, fragte ich meine Klientin von vorhin, die sich wünschte, dass ihr Partner ihr Entscheidungen abnahm. »Wie war das, als du noch Single warst. Bist du da auch auf einem Bein durchs Leben gehüpft?«

»Nein, natürlich nicht.«

»Und warum ist es jetzt so, wo du doch eigentlich einen Zuwachs an Beinen verzeichnen könntest? Statt vier in petto zu haben, ist dir nur noch eins geblieben?«

Eine Klientin hat einmal schmunzelnd geantwortet: »Im Rechnen war ich noch nie gut.«

Abgesehen von dieser höheren Mathematik: Warum passiert diese Subtraktion so oft? Aus Liebe? Oder eher aus der Sehnsucht nach Symbiose, eins sein zu wollen? Um zu zeigen, wie sehr man seinen Partner braucht? Bedeutet Brauchen Liebe? Muss man sich brauchen, wenn man sich liebt, oder darf man sich auf keinen Fall brauchen, wenn man sich liebt? Das schauen wir uns später an. Im nächsten Kapitel kommen wir erst mal ins Gespräch.

DREI FRAGEN, DIE DICH WEITERBRINGEN

- Wofür brauchst oder gebrauchst du deinen Partner?
- Welchen Nutzen muss eine Beziehung für dich bringen?
- Auf einer Skala von ein bis hundert Prozent: Wie oft verlagerst du deine Verantwortung auf ihn/sie? Und warum? (Je höher die Zahl, umso wichtiger wäre es, einmal genau hinzuschauen, wieso du das glaubst. Und ob es wirklich der Wahrheit entspricht.)

Sprich mit mir!

Der klassische Satz, mit dem eine Frau mir das Problem mit ihrem Mann erklärt ... nein, eigentlich erklärt sie mir das Problem Mann: »Er redet nicht.«

Während sie selbst eher selten Wortmangel kennt und ausführt: »Und wenn ich mit ihm rede, dann sagt er nichts.« Sie präzisiert: »Er schweigt die ganze Zeit.« Und schildert, was sie dabei empfindet: »Das macht mich wahnsinnig.« Sie beginnt zu philosophieren: »Ich weiß nicht, was er denkt, ich weiß nicht, was er fühlt.« Sie spannt den Bogen in die Wissenschaft: »Denkt und fühlt er überhaupt was?« Und entwickelt eine Theorie: »Wenn ich mit ihm über unsere Beziehung reden will, ist es am schlimmsten. Da habe ich manchmal den Eindruck, er lässt das nur über sich ergehen. Vielleicht zählt er im Stillen bis hundert, und das immer wieder von vorn, und hofft, dass es bald vorbei ist?«

Ja, möglich ist das, denke ich, die ich allerdings noch nicht zu Wort komme, da meine Klientin das eben Gesagte inhaltlich noch dreimal mit anderen Worten wiederholt. Gerade so, wie wir Frauen es gern im Gespräch mit Männern machen, wenn uns sein Schweigen, das wir mit »Nicht-verstanden-Haben« und manchmal auch mit »Nicht-verstehen-Wollen« übersetzen, zu noch mehr Reden motiviert. Aber das ist nicht so. Sehr oft ist es nämlich ein Nicht-verstehen-Können. Und da hilft auch fünfmaliges Wiederholen nicht. Wenn der Partner überfordert ist und dichtgemacht hat, geht nichts mehr rein. Es handelt sich also nicht um Respekt- oder Lieblosigkeit. Die männliche Logik lautet: »Sag nichts, was gegen dich verwendet werden kann.« Er fühlt sich ja ohnehin schon wie auf der Anklagebank. Männer ticken kommunikativ anders als Frauen. Eher etwas *laid back* als in *double speed*. Letzteres ist unsere Stärke: Unsere Gedanken sind manchmal mit Lichtgeschwindigkeit unterwegs, während seine entspannt durch die Galaxis bummeln. In den letzten Jahren meiner Arbeit mit Paaren hat sich der Eindruck verfestigt, dass das auch ein wenig generationen- und bildungsabhängig zu sein scheint. Bei jüngeren Paaren sind die Männer oft genauso kommunikativ wie die Frauen oder zumindest nah dran.

Die Sprache der Frauen

Unser Kommunikationsverhalten unterscheidet sich im Kern von dem der Männer. Wir Frauen wollen reden. Über fast alles. Und nicht nur lang und breit, sondern auch hoch und tief. Wir verschwenden mehr Worte, als Männer das tun. Die sind eher sparsam. Und das verunsichert uns oft. Unser Heilmittel gegen Verunsicherung? Richtig: noch mehr reden! Also reden wir immer breiter und länger und höher und tiefer in der Hoffnung, ihm etwas verständlich zu machen. Aber es wird nicht besser. Im Gegenteil. Solche Wortfluten machen ihn vorsichtig: lieber nichts sagen als etwas Falsches sagen! Folglich sagt er nichts und sitzt da, als würde er krampfhaft versuchen, den Eindruck zu erwecken, er höre zu. Ruckelt er da nicht verstohlen auf dem Stuhl herum, geradeso, als wollte er fliehen? Und was ist mit dieser temporären Abwesenheit im Blick? Was geht in ihm vor?

»Vermutlich wenig bis nichts, außer vielleicht dem diffusen Gefühl, in Probleme geraten zu sein«, sage ich zu meiner Klientin. Sie lacht laut auf. Hält das für einen Witz. Es ist aber keiner. Ein solches Beziehungsgespräch als weiblicher Monolog artet schnell in Stress und Überforderung aus. Die Folge: Das Gegenüber schaltet ab, denkt an nichts mehr, *blank mind*. Männer können das! Vielleicht ungünstig in Beziehungsgesprächen, aber grundsätzlich beneidenswert.

Am stärksten fällt mir dieser Unterschied immer abends auf. Viele Frauen kennen es bestimmt: Es ist Zeit, ins Bett zu gehen, und tausend Gedanken wirbeln noch durch den Kopf. Der Mann, kaum dass sein Kopf das Kissen berührt, ist weg, er schläft. Wie geht das? Was für eine fantastische Fähigkeit: nicht ständig Hunderte von Wörtern, Bildern, Filmen, Ideen im Hirn. Das Gedankenkarussell pausiert.

Darüber kann man sich lustig machen, man kann aber auch davon lernen. Was jetzt nicht heißt, dass ich ständiges Schweigen für die allzeit beste Lösung halte. Und es läuft ja was ab im Mann bei Beziehungsgesprächen. Aber nicht mit so vielen Worten und nicht zu vergleichen mit dem, was wir für normal halten, weil es unserer Lebenswirklichkeit als Frau entspricht.

Vielleicht haben wir Fehler Nummer eins gemacht: Wir haben angekündigt, dass wir »mal reden müssen«, mit ernstem Gesicht. Das hat den Mann sofort in den Alarmmodus versetzt, und der bedeutet oft: »Vorsicht, was du sagst, es könnte gegen dich verwendet werden.« Besser wäre es gewesen, wir hätten das, was wir sagen wollen, nebenbei eingeflochten, in entspannter Atmo-

sphäre: »Ach, Schatz, übrigens, ich wollte dich mal bitten, dass du ...« Oder: »Du, mir ist aufgefallen, dass ...«
Fakt ist: Männer können gut über Sachen reden. Aber zu viel »Gefühlszeug« führt sie schneller aufs Glatteis. Nicht alle, aber doch etliche, und die am meisten genutzte Strategie ist es dann eben zu schweigen. Zur Sicherheit. Um das zu verhindern, hilft es oft, im Gespräch die Sache, um die es geht, klar von den Gefühlen, die es bei mir auslöst, zu trennen und anschließend die Gefühle zu begründen. Zum Beispiel so: »Als du das und das getan hast, habe ich das so und so verstanden, und das hat das Gefühl von XY in mir ausgelöst.« Wenn ich meine Botschaft so formuliere, ist die Chance deutlich höher, dass er nicht zumacht. Und wie wäre es, das Beziehungsgespräch vielleicht ein wenig zu portionieren? Denn wenn Beziehungsgespräche zu lange aufgeschoben werden, mutieren sie oft zu einem Rundumschlag, der ihn erst recht überfordert. Und damit ist dann auch nichts gewonnen.

Ich habe eine Freundin, die ist ein Ass beim Tischtennis. Ihre Schmetterbälle sind schneller, als das menschliche Auge sehen kann, und sie hat auch schon versierte Vereinsspieler verblüfft. Doch sie ist nur hervorragend, solange nicht gezählt wird. In dem Moment, in dem ein Wettkampf daraus wird und nicht mehr »nur gespielt«, sondern wenn es »ernst« wird, kriegt sie kaum einen Ball über die Platte.
So ähnlich kannst du dir das mit Männern und Beziehungsgesprächen vorstellen. Solange man sich ein bisschen darüber unterhält, was man gern hat, du und ich und dies und das – alles im grünen Bereich. Aber wenn es ernst wird, dann geht wenig bis nichts mehr. Nicht aus Verweigerung, sondern oft aus Überforderung. Und dann wird geschwiegen. Und so, wie Männer von unseren Wortfluten überfordert sind, sind wir es von ihrem Schweigen. Eine Pattsituation.

Da hilft in genau dem Moment nur eines: unterbrechen, vertagen. Es wird kein Problem wirklich gelöst, wenn einer der Gesprächspartner überfordert ist. Denn wer überfordert ist, kann sich gar nicht mehr auf den anderen konzentrieren, geschweige denn einlassen. Überfordert zu sein, bedeutet, innerlich in den Verteidigungsmodus zu gehen. Die weibliche Verteidigungsstrategie ist eher wortgewaltig, die männliche wortkarg.

Die Flut der Wörter

»Meine Frau redet ziemlich viel, also finde ich«, unsicher schaute der Klient mich an. Ich versuchte als Erstes, herauszufinden, wie viel »ziemlich viel« für ihn war. Er erzählte mir von einem typischen »Schatz, wir müssen reden«-Gespräch. Ein Gespräch, das er nicht einmal mehr genau wiedergeben konnte. Dafür kam einfach zu viel. Es war der aufgestaute Rundumschlag, der sich wie eine Flutwelle über ihn ergossen hatte. Sein Rettungsboot: Er schwieg.

Das Schweigen löst in uns Frauen manchmal sehr unangenehme Gefühle aus: Warum sagt er nichts, will er mich provozieren? Der hört mir gar nicht zu, ist der überhaupt an unserer Beziehung interessiert? Der will ja gar nichts verändern, ich bin ihm wohl egal ... Manchmal glauben wir Frauen sogar, dass er sein Schweigen als Waffe benutzt, um uns zu verletzen. Oder uns quasi aushungert, Worte sind ja eine Art Nahrung für viele von uns.

Eher ist es allerdings so, dass unsere vielen Worte im Mann durchaus Gefühle auslösen, vor allem nämlich Sorge und Verzweiflung, in der er erstarrt. Ein Klient hat das mal so beschrieben: »Ich würde ihr wirklich gern erklären, wie das ist, wenn sie so viel redet. Aber ich weiß, dass ich sie damit verletze, dass sie denkt, ich nehme sie und ihre Gedanken und Gefühle nicht ernst. Aber das stimmt nicht.«

Ein anderer fand dafür folgende Worte: »Wenn ich mit meiner Frau in so einer Situation feststecke, hoffe ich immer nur, dass es bald vorbei ist. In den Tagen danach gebe ich mir besonders viel Mühe mit Dingen, die ihr im Alltag wichtig sind, auf die sie Wert legt. Oder ich mache irgendwas, worüber sie sich freut, was sie überrascht. Und ich hoffe, dass ich damit gezeigt habe, wie wichtig sie mir ist.«

Wenn wir in Beziehungsgesprächen mit Männern im Hinterkopf behalten, dass wir sie manchmal schneller als vermutet überfordern, können wir unsere Rede darauf abstimmen und haben bessere Chancen, den Mann zu erreichen. Es gibt in der Kommunikation einen Sender und einen Empfänger, und solange der Empfänger nicht empfangsbereit ist, kommt auch keine Sendung an. Also sag, was du sagen willst, aber bitte nur einmal. Schließ keine Beispiele an, komm nicht vom Hölzchen aufs Stöckchen.

Nutze das Beziehungsgespräch auch nicht dazu, reinen Tisch machen zu wollen – à la »Schon als wir uns kennengelernt haben vor fünf Jahren, ist mir aufgefallen, dass du ...«.

Beschränke dich auf ein Thema, eine Sache, statt dich mit Schrotkugeln kommunizierend in Rage zu reden: Gerade hast du ihm erklärt, wie du dich fühlst, wenn du morgens entdeckst, dass dein Müsli futsch ist, weil er es aufgegessen – seins war leer – und nicht nachgekauft hat. Da fällt dir ein, dass man, wenn man schon staubsaugt, vielleicht mal den Beutel wechseln könnte ... Apropos wechseln, wie war das noch mal mit den Winterreifen? Ach ja, und er hat noch nicht gesagt, wo er den Urlaub verbringen will. »Ich hab dir bereits letzte Woche die Mail mit den Angeboten der Hotels weitergeleitet.« Und hat er sich endlich über Kaminöfen informiert, da haben wir ja neulich drüber geredet, alle Leute kaufen sich doch jetzt solche Bolleröfen.

»Kannst du eigentlich Holz hacken?«

»Holz hacken?«, fragt der Mann. Jetzt ist er wieder im Spiel.

»Klar.«

Ich weiß, dass diese Gedankensprünge für viele Frauen normal sind. Ein kleines bisschen spielt unsere Evolution auch mit rein. Wenn unsere Vorfahrinnen als Sammlerinnen unterwegs waren – Beeren, Pilze, Kräuter –, schauten sie überallhin, nahmen hier und da Details wahr, merkten sich dies und das und jenes. Männer als Jäger behielten ein Tier im Auge, konzentrierten sich auf die eine Sache, die es zu tun galt. Diese Wahrnehmungsverteilung finden wir heute immer noch. Frauen bummeln durch die Stadt, gehen an einem Schaufenster vorbei, schauen gar nicht richtig rein und sagen: »Da hinten in der Ecke. Was für eine coole Sonnenbrille!«

»Wo?«, fragt der Mann, dem es schleierhaft ist, wie man von außen bei dieser schummrigen Beleuchtung etwas hinten in einer Ecke entdecken kann.

Welcher Kommunikationsstil ist nun besser? Beide. Mal ist der eine vorteilhaft, mal der andere. Wenn wir verstanden werden wollen, müssen wir die Bedürfnisse des Empfängers kennen, sonst können wir noch so viele Worte verschießen, sie landen im Nirgendwo. Es heißt: »Der Köder muss dem Fisch schmecken, nicht dem Angler.« Sonst wird das nichts.

Und genau darin liegt die große Herausforderung. Wenn frau sauer ist, enttäuscht oder sogar wütend, dann ist die Versuchung groß, das einfach mal rauszuhauen. Unsere Gefühle brauchen ein Ventil, und das ist eben oft, zu reden, viel zu reden und auch zu überzeichnen. Damit meine ich, dass Gefühle in Gesprächen auch dazu führen können, dass wir unfair werden, dass wir übertreiben, Dinge größer machen, als sie sind.

Das Problem ist: Sind die Worte einmal raus, können wir sie nicht mehr zurücknehmen. Wer sich nach einem Streit nicht entschuldigen möchte, sollte im Streit aufpassen, was er sagt. Denn mit diesen Anschuldigungsdrama-Wortfluten ist selten wirklich etwas gewonnen, auch wenn es sich befreiend anfühlt. Der innere Mechanismus dahinter zielt übrigens darauf ab, sich selbst als »richtig« zu bestätigen: »Ich bin richtig, du bist falsch. Et voilà: Ändere dich!« Und, hat das je wirklich geklappt?

In der Kommunikationstheorie weiß man um die großen Gesprächsfallen: »Gesagt, gemeint, gehört, verstanden.« Reichlich Spielraum, um zwischen Sender und Empfänger, Mann und Frau für Verwirrung zu sorgen. Alles, was wir wahrnehmen, interpretieren wir. Und wir werden interpretiert. Das, was wir sagen, genauso wie das, was wir tun.

»Hörst du mir eigentlich zu?«

»Ja«, sagt er. Denn das tut er ja. Auch wenn er keine Ahnung hat, worum es eigentlich beziehungsweise inzwischen geht. Aber er hört zu.

Sie zieht eine Augenbraue hoch. Schlechtes Zeichen. Ganz schlechtes Zeichen.

»Was habe ich eben gesagt?«, fragt sie. Als wäre er ein Schuljunge. Das ist so demütigend.

»Dass ich dir mehr Komplimente machen muss«, wiederholt er das, was sie, wie er glaubt, ganz am Anfang mal gesagt hat. War das nicht sogar der Auslöser für das Gespräch? Damit hat er sich dann innerlich beschäftigt und irgendwie den Anschluss verloren.

Mit seiner Antwort hat er einen schweren Fehler begangen. Mal abgesehen davon, dass sie das mit dem Kompliment vor einer halben Stunde gesagt hat, es war ja nur das Intro. *Kompliment* und *muss* in einem Satz? Autsch. Hat er denn gar nichts kapiert? Wir können uns oft nicht vorstellen, dass unsere Interpretation des anderen nicht stimmt. Und doch ist es oft so. Vielleicht interpretiert sie seine Verzweiflung in diesem Gespräch auch falsch. Schlussfolgert, dass er kein Interesse an ihr hat, dass er eigentlich nur an ihre Nachbarin denkt, sie hat doch gesehen, wie er die angeschaut hat – und so weiter, und so fort.

Warum es einfach machen, wenn es auch kompliziert geht? Kompliziert können wir Frauen, o ja! Und der Mann? Der hat gelernt, beim nächsten Mal von Anfang an gar nichts zu sagen. Noch besser: jeder Beziehungsdiskussion aus dem Weg zu gehen. Sobald eine am Horizont auftauchen könnte: nix wie weg. Und wenn er doch dableibt, dann beteiligt er sich nicht, sicher ist sicher, dann ist es keine Beziehungsdiskussion, sondern ein Vortrag der Frau.

So klappt's mit dem Beziehungsgespräch

- Mach es möglichst nebenbei, besser nicht in einem statischen Umfeld: Spaziergang statt Küchentisch!
- Nimm dir nur *ein* Thema vor.
- Konzentrier dich aufs Wesentliche, halt keinen Vortrag.
- Lass dein Gegenüber nicht raten, worum es dir geht, sondern sag es klar und deutlich.
- Gib keine Anweisung, sondern formuliere dein Bedürfnis! Sonst verrutscht die Augenhöhe.
- Lass dem anderen Zeit, um zu reagieren – ein Gespräch ist keine Prüfung! Es darf auch vertagt werden.
- Wenn die Emotionen hochkochen, solltet ihr das Gespräch unterbrechen und vertagen. Tränen oder laute Anklagen

sind kein Beweis dafür, dass du recht hat. Aggressionen übrigens auch nicht.
- Bleib bei dir und deiner Sicht. Sag deinem Gegenüber nicht, wie er angeblich ist, sondern spiegle *deine* Wahrnehmung.
- Hab keine vorgefertigte Lösung im Kopf, sondern lass dich auch auf die Sicht des anderen ein.

Reden als Rat

Die Tatsache, dass der Mann – ich verallgemeinere wieder – nicht redet, heißt nicht, dass in ihm Ebbe herrscht, was Gedanken und Gefühle betrifft. Ein Mann sagt beispielsweise: »Das hat mich geärgert.« Vier Wörter, ein Punkt, fertig.

Eine Frau würde nach dem Ärger ein Komma setzen und dann ausführen, weil und warum und woran sie das erinnert und was sie daraus gelernt hat und dass sie nie wieder dies oder jenes tun wird oder erst recht und so weiter. Aber der zuhörende Mann braucht diese Erklärung nicht unbedingt. Es genügt, wenn sie ihm sagt, sie habe sich über einen Kollegen geärgert. Dann weiß er, dass sie heute ein bisschen Aufmunterung nötig hat. Ansonsten wird er nachfragen.

Ich rate meinen Klientinnen, emotionale Akutsituationen vorab mit ihren Freundinnen zu besprechen. Noch mal angenommen, eine Frau hat sich über etwas geärgert. Statt das ihrem Mann brühwarm über den Kopf zu kippen, wenn er vom Job nach Hause kommt – und sich vielleicht auch geärgert hat, was er jedoch für sich behalten und erst nach zwei, drei Stunden mal äußern würde: »War heute ein Scheißtag« –, empfehle ich, den ersten Schwall mit einer Freundin abzuarbeiten, die davon nicht überfordert ist. Wenn man dann schon Dampf abgelassen und sich von der Freundin Bestätigung abgeholt hat, kann man dem Mann die Situation viel entspannter und kürzer schildern.

Frauen verarbeiten Probleme durch den Prozess des Sprechens. Wir reden über unsere Probleme, um uns Bestätigung und Zuspruch bei anderen abzuholen. Männer reden über Probleme, um Lösungen zu finden. Sprich: Männer kommunizieren tendenziell lösungsorientiert, Frauen prozessorientiert. Und Prozesse benötigen mehr Worte als Lösungen.

Gern wird dich deine Freundin in dem Prozess unterstützen, deinen Ärger von allen Seiten zu betrachten, ihn hin und her zu wiegen. Sie wird dir dabei ihre ungeteilte Aufmerksamkeit schenken und deine Empörung teilen. Das tut dir wiederum gut. Du fühlst dich im tiefsten Inneren verstanden. Du hast dir die für dich nötige Portion an Empathie, Verständnis und Spiegelung dort geholt, wo du sie sicher bekommst. Das bewahrt dich vor Frust mit deinem Mann. Sonst müsstest du dich ja gleich noch mal ärgern. Dann aber würdest du gewiss als Erstes deine Freundin anrufen, stimmt's? Die hört dir auch gern zu, wenn du einfach mal losjammern willst, ohne dass dabei eine Lösung herauskommen muss.

Für Frauen ist das Reden auch ein Verarbeitungsprozess. Idealerweise sucht man sich dafür stets die passende Gesprächspartnerin. Eine Klientin formulierte das mal so: »Wenn ich jammern will, rufe ich Anna an, wenn ich einen Tritt in den Allerwertesten brauche, Brittany, wenn ich eine Analyse meines Problems brauche, wende ich mich an Charlotte, und sobald ich Mitgefühl brauche, an Dina.« Sie hat noch ein paar mehr aufgezählt. Diese Klientin war sehr gut aufgestellt, und vermutlich wurde sie von ihren Freundinnen auch als Gesprächspartnerin sehr geschätzt.

Bei Frauen ist darüber zu reden also häufig ein Teil der Lösung. Männer bevorzugen andere Verarbeitungsprozesse. Sie machen etwas mit sich selbst aus oder Sport. Abgewandelt würde das bekannte Zitat »Der Weg ist das Ziel«, das dem chinesischen Philosophen Konfuzius zugeschrieben wird, bei einer Frau heißen können: »Das Reden ist das Ziel.«

Das Mitteilungsbedürfnis der Frauen

Neulich erzählte mir eine Klientin: »Ich war jetzt zwei Wochen mit meinem Mann im Urlaub. Ich habe mal aufgepasst. Wenn ich nicht hin und wieder ein Gespräch angestoßen hätte über irgendwas, hätte er kein Bedürfnis dazu gehabt. Ich stellte ihm Fragen: ›Denkst du manchmal an zu Hause?‹, ›Bist du schon gut erholt?‹, ›Was glaubst du, wie es mit dem Klima weitergeht?‹ … Er hat dann brav geantwortet, aber von ihm kam kaum etwas. Das ist doch nicht normal, oder? Ich will nicht, dass wir enden wie meine Großeltern. Meine Oma hat in einem fort geplappert und mein Opa allenfalls mal so gebrummt. Das ist mir als Kind schon aufgefallen.«

Auf Nachfrage, wie denn die Atmosphäre zwischen ihnen gewesen sei, antwortete sie aber: »Gut.«

Wäre das Initiieren von Gesprächen ein Maßstab für eine Beziehung, dann wären aus Frauensicht viele am Ende. Männer sehen das anders. Es braucht für sie einfach oft nicht so viele Worte. Sie mache vieles eher mit sich selbst aus, bevor sie ihre Gedanken nach außen tragen.

Aus meiner Sicht ist eine Erkenntnis für gesunde Beziehungen unerlässlich: Ein Partner kann nicht alle Bedürfnisse decken. Diese Erfahrung machen Menschen immer wieder, wenn sie sich Hals über Kopf in eine Liebesgeschichte stürzen und dann vielleicht nach ein paar Jahren sehr allein dastehen, weil sie ihren Freundeskreis zu lange vernachlässigt haben.

Bessere Chancen haben Beziehungen, in denen Frauen von ihren Männern nicht verlangen, ihren gesamten Kommunikationsbedarf zu erfüllen. Wir erwarten von ihnen ja auch nicht, dass sie mit uns zum Yoga gehen, und sie erwarten nicht, dass wir mit zum Fußball kommen.

Im Gegenteil. Entscheidend ist, dass die Kernerwartungen an eine Beziehung von beiden erfüllt werden. Und wenn du magst, liebe Leserin, dann überleg mal, welche das für dich sind. Und überleg auch, welche Erwartungen eher nicht dazugehören. Und vielleicht zählt der Wunsch nach ausgiebigen Gesprächen zu Letzteren.

In einer guten Beziehung fahren beide Partner mehrgleisig, wenn es um die Erfüllung allgemeinerer Bedürfnisse geht. Ausdrücklich allgemeiner Bedürfnisse. Die Kernbedürfnisse und Kernwerte sollten geteilt werden. Das Sprichwort sagt zwar: »Gegensätze ziehen sich an«, aber das hält oft nicht allzu lange, wenn der Gleichklang bei den wesentlichen Beziehungsvorstellungen fehlt.

Unser Kommunikationsbedarf hingegen zählt eher zum allgemeinen Bedürfnis. Und wenn du, liebe Leserin, jetzt überlegst, ob das wirklich so ist, hier mal eine Frage an dich: Erzählst du manchmal, was du den ganzen Tag über gemacht hast? »Heute morgen habe ich schon den Kleiderschrank ausgemistet, und dann den Einkaufsplan für die ganze Woche gemacht, mit meiner Mutter telefoniert. Die regt sich wieder über ihren Nachbarn auf wegen der Heckenhöhe. Na ja, dann war ich in der Stadt alles besorgen und habe auch deinen Laptop zum Service gebracht. Übrigens gibt es schon Primeln zu kaufen. Wäre vielleicht was für den Vorgarten. Ich habe sie aber nicht mitgenommen, weil ich den Kofferraum nicht dreckig machen wollte. Aber das wäre doch was, oder?« Schon mal erlebt, dass dein Partner dir seinen ganzen Alltag erzählt? Vermutlich nicht oder nur selten.

Wir erzählen unseren Alltag. Das ist typisch Frau. Wir wollen, dass der andere an unserem Leben teilnimmt. Durch diese Teilhabe stellen wir Bindung her. Wir liefern Transparenz über unser Leben, unser Tun, unser Denken und Fühlen. Das ist für uns normal. Wenn der andere weiß, was in unserem Leben passiert, wenn er teilnimmt, dann fühlen wir uns eingebunden. Wir machen das automatisch.

Ich bin letztens gefragt worden, ob ich am nächsten Tag nach Köln kommen würde. Die einfache Antwort wäre ein »Nein« gewesen. Und was habe ich gesagt? »Lust hätte ich schon, aber ich muss übermorgen schon in Hamburg sein, und die Zugverbindung ist ungünstig, vor allem abends. Das wird mir dann zu stressig.« Ich habe den gesamten Kontext ungefragt mitgeliefert und tatsächlich nicht Nein gesagt. Das fiel mir erst auf, als mein Gegenüber, ein Mann, grinste und meinte: »Ein einfaches Nein hätte auch gereicht.« Und er wäre auch nicht sauer gewesen, wenn ich einfach Nein gesagt hätte. Wenn ein Mann mehr Informationen haben möchte, fragt er nach. Muss er bei uns Frauen meistens nicht, weil wir alles frei Haus mitliefern. Da bleibt nichts übrig zu fragen. Und dann drehen wir ihm einen Strick daraus, dass er nicht fragt? Und wir drehen ihm einen Strick daraus, dass er von sich aus (!) ja quasi nichts erzählt. Weil für uns das verbale Teilen des Alltags der Beziehungsfestigung dient, unterstellen wir ihm, wenn er das nicht tut, dass er kein Interesse an uns, sprich an unserer Beziehung, hat! Hui.

Natürlich wäre es schön, wenn der Mann von sich aus mehr erzählen würde. Aber die Tatsache, dass er es nicht tut, bedeutet keineswegs, dass ihm die Beziehung nicht wichtig ist oder dass er

Geheimnisse hat. Männer zeigen Bindung auf andere Weise, mehr durchs Tun als durch Worte. Sie übernehmen klassische Arbeiten, wie sich um den Reifenwechsel zu kümmern oder die Telefonverträge zu checken; oder sie fuchsen sich in das Betriebssystem des Druckers rein, der nie so druckt, wie er soll. Sie machen viel mit wenigen Worten. Aber für den Fall, dass du ein Mann bist und das hier gerade liest: Lass deine Partnerin zwischendurch an deinen Gedanken oder deinem Alltag teilhaben. Das ist für sie nicht banal, und du nervst sie auch nicht damit. Im Gegenteil!

Es ist die große Herausforderung in Beziehungen, die Andersheit des anderen als Bereicherung und nicht als vermeintlichen Mangel zu akzeptieren, die Bedürfnisse des Gegenübers ernst zu nehmen und sich darüber immer mal wieder auszutauschen.

Aussitzen

Frauen sind nicht nur multitaskingfähig, sondern in vielen Bereichen auch schneller als Männer. Etwas geschieht, wir reagieren sofort. Würden wir warten, wie es Männer oft tun, würden sich manche Dinge auch mal von selbst erledigen, was sie nicht mehr können, wenn wir sie mal aufgeblasen, wenn wir darüber geredet haben. So werden aus Mücken Elefanten, während Männer Elefanten zu Mücken schrumpfen lassen können. Tatsache ist: Nicht jedes Problemchen ist ein Riesendrama, das seziert werden muss. Manches kann man auch einfach hinnehmen. Es ist für kommunikative Wesen wie Frauen schwer zu glauben, dass sich Dinge einfach so erledigen könnten, ohne dass man ausführlich über sie gesprochen hat.

Diese Gelassenheit können wir meiner Meinung nach von Männern lernen. Allerdings braucht es Mut und Vertrauen, das eigene Empfinden nicht an eine bestimmte Sache zu hängen, die jetzt gerade in Schräglage ist. Lass mal hängen. Wird schon wieder!

Mut gehört auch dazu, wenn ein Mann, der von seiner Frau beim Heimkommen unter die Wörterdusche gestellt wird, bittet: »Lass mich erst mal ankommen. Erzähl es mir nach dem Essen, okay?«

Fühlt sich eine Frau jetzt gekränkt, übersieht sie, dass ihr Mann ihr zuhören will, doch im Moment ist er dazu noch nicht in der Lage. Das ist okay. Es ist sehr aufmerksam von ihm, dass er das sagt. Meiner Erfahrung nach sind die meisten Männer ohnehin sehr bemüht, Frauen zu verstehen. Ist die Frau eingeschnappt wegen seiner Bitte, versteht sie sein Signal nicht.

Übrigens kann Wortsparen auch ein Superzeitmanagement sein. Ich kann zehnmal mit anderen Worten das Gleiche sagen, ich kann mich zwanzigmal über dieselbe Geschichte aufregen. Oder einmal – und den Rest des Abends genießen.

Anders ist sexy

»Warum soll ich mich verändern?«, fragte mich einmal eine Klientin. »Dann bin ich ja gar nicht mehr ich. Mein Partner muss sich doch auf mich einlassen.«

»Und du dich nicht auf ihn?«

Es ist fatal, wenn wir Frauen glauben, beim Thema »Beziehung und Gefühle« hätten wir die Deutungshoheit und alles müsste so gemacht werden, wie wir es für richtig halten. Es kann, wie wir gesehen haben, auch Vorteile haben, den Ball flach zu halten, da können wir von Männern lernen! Man kann auch etwas zerreden.

Frauen haben Freude daran, hinter die Kulissen zu gucken. Sie wollen verstehen, warum etwas ist, wie es ist. Männern genügt es häufig, wenn sie wissen, dass etwas so und so ist. Sie rütteln nicht daran, sie arbeiten mit dem, was ist, nicht mit dem, was sein könnte oder auch nicht oder doch noch mal ganz anders.

Zum Glück ist das so. Ich sehe das Mammut, ich erlege es. Ich diskutiere nicht mit dem Mammut oder meinen Kameraden, ob Fleisch überhaupt gesund ist und wie es für das Mammut sein wird, wenn ich es erlege. Was durch dieses verbale Heranpirschen gar nicht mehr möglich wäre. Das Mammut hätte den Braten gerochen und wäre verschwunden.

Der männliche, ein pragmatischer Ansatz, führt schneller ins Handeln. Beschäftige ich mich zeitintensiv mit der Analyse, weil ich überzeugt davon bin, alles bis ins letzte Detail durchdacht haben zu müssen, bevor ich ins Tun komme, kann es sein, dass ich zu spät handle oder dass ich gar nichts tue. Und da sich die Gegebenheiten ständig ändern, werde ich schlimmstenfalls nie beginnen, sondern mich im vorbereitenden Nachdenken verstricken.

So können wir Frauen von der Kommunikationsart der Männer auch lernen, dass wir uns auf das Wesentliche konzentrieren. Ich habe mich geärgert – das ist eine wesentliche Aussage. Damit habe ich meinem Partner meine momentane Gefühlslage mitgeteilt. Nun kann er darauf reagieren. Vielleicht nimmt er mich in den Arm. Ich spüre seinen warmen Körper, höre seinen Atem in meinem Ohr. Das kann meinen Ärger schlagartig schrumpfen lassen, und zwar mehr, als wenn ich fünf Minuten erkläre, warum ich mich über wen wie geärgert habe, womit ich den Ärger oft aufblähe; und dann platzt er, und der gemeinsame Abend endet in Disharmonie.

Also wäre es am besten, überhaupt gar nicht zu reden? Nein! Natürlich sollen wir mitteilen, wie es uns geht. Doch wie wäre es, vorher zu überlegen, was das Wesentliche für uns ist, und uns darauf zu fokussieren? Am Ende dieses Buches habe ich ein paar Tipps zur Kommunikation und Streitkultur zusammengefasst. Vielleicht hilft es dir, sie dir in einer Akutlage zu vergegenwärtigen, bevor du loslegst ...

Dass Männer und Frauen tendenziell ganz unterschiedlich kommunizieren, das wissen wir schon lange. Aber sobald unsere Gefühle hinzukommen, vergessen wir das manchmal. Da lohnt es sich, einen Schritt zurückzugehen und sich diesen Unterschied noch mal aktiv bewusst zu machen. Aus diesem Spannungsfeld der Unterschiede zwischen Mann und Frau erwächst eben auch die Anziehung von Mann und Frau. Und die wollen wir doch gern behalten, anstatt sie glattzubügeln, oder?

Indem wir lernen, unser Gegenüber als eigenständigen Menschen wahrzunehmen, indem wir die Unterschiede erkennen und auch anerkennen, entwickeln wir uns weiter und geben unserer Persönlichkeit die Chance zu wachsen. Ein anderer Mensch ist nicht wie ich – und das ist gut so. Auch wenn es manchmal ein wenig nervt und eine Herausforderung ist, es macht das Leben bunter.

Hör mir zu!

Das handelsübliche Zuhören unterteile ich in zwei Kategorien: das Zuhören, um den Alltag gewuppt zu kriegen, also wer, was, wann, wie. Und das Zuhören, um sich selbst zu bestätigen. Ich nenne dies das »Ja-aber-Zuhören«. Menschen, die so zuhören, beginnen die meisten ihrer Antworten mit »Ja, aber ...«. Und dieses Zuhören ist kein echtes. Denn es dient eigentlich nur dazu, die eigene Position darzulegen und zu zementieren.

Ich erinnere mich an ein Paar, da lebte die Frau auch im Ja-aber-Land. Egal, was er sagte, sie reagierte mit »Ja, aber ...« und wunderte sich, dass ihr Mann über die Zeit immer mehr verstummte. Warum auch was sagen, wenn es eh nicht ernst genommen wird? Was war die Folge? Sie beschwerte sich darüber, dass er nicht mit ihr reden würde.

Bei einem anderen Paar war es genau andersrum. Wenn sie über ein Problem sprechen wollte, argumentierte er so lange dagegen, bis sie aufgab. Bei beiden Paaren wurde die emotionale Kluft immer größer.

Es fehlte am echten Zuhören. Nach meiner Erfahrung wird das echte Zuhören langsam, aber sicher zu einem Luxusgut. Echtes Zuhören meint, vorurteilsfrei, ergebnisoffen, ohne Unterbrechungen den anderen ernst zu nehmen. Es meint: eintauchen in die Erlebniswelt des Gegenübers. Und wenn ich das tue, dann werde ich anfangen, Fragen zu stellen, Fragen wie »Was genau meinst du damit?«, »Wie ist es weitergegangen?«, »Was hast du gefühlt?«, »Wie geht es dir damit?« oder »Was wünschst du dir?«. All diese Fragen kann ich stellen, um wirklich zu verstehen, was im anderen vorgeht.

Aktives Zuhören bedeutet eben nicht, dass man sofort auf das Gesagte eingeht, nur um die eigene Position aufzubauen, sondern dass man ehrlich versucht, nachzuvollziehen, was der andere meint, und das erst mal wirken lässt. Für viele Frauen kann das sehr schwierig sein, besonders wenn sich viel angestaut hat und sie mit hohem Sendungsbedürfnis und Druck reden. Der Mann sagt ein bisschen was, und die Frau redet sofort weiter, nimmt sich nicht die Zeit, genau hinzuhören oder zu übersetzen, was er damit gemeint haben könnte, nutzt seinen Beitrag nicht, in einen wirklichen Austausch zu kommen, sondern will ihre Message loswerden. Je höher der Leidensdruck, desto dringender.

Das ist nachvollziehbar, führt aber nicht zum Erfolg. Achte auf dich, und sorg dafür, dass der Leidensdruck niemals so hoch wird, damit du auch noch genug inneren Spielraum hast, um zuhören zu können, statt in die nächste Atempause reinzugrätschen, um sofort wieder loszuschießen. Das Gehörte sacken lassen. Nicht einfach nur recht haben und beweisen wollen, dass der andere falschliegt. Denn das ist kein liebevolles Zuhören mehr, sondern das ist die Sprache der Macht. Und Macht sollte in einer Beziehung exakt ausgewogen verteilt sein.

Zuzuhören bedeutet nicht, alles zu akzeptieren, was der andere sagt. Es heißt, sich für seine Welt zu öffnen. Und das interessiert dich doch, oder? Wie dein Partner tickt. Dann gib ihm auch den Raum, dir das mitzuteilen.

Atme mal durch. Spür in dich hinein. Schau ihn dir an, den Mann, den du liebst. Vielleicht kannst du ein wenig Weichheit zulassen. Er lächelt ein bisschen. Da ist es wieder, dieses süße Grübchen. Du lächelst auch. Es ist einen Moment still. In diesem Moment passiert mehr als in den fünf Minuten Wörterdusche davor. Und dann redet ihr weiter. Mit weicheren Stimmen, und ihr spürt beide, dass ihr ein gemeinsames Anliegen habt: eure gute Beziehung.

Das Gras ist lang

Nicht nur bei Gesprächen über die Beziehung kann es zu Missverständnissen kommen. Ein Paar sitzt auf der Terrasse in seinem Garten, Kaffee und Kuchen, eine Idylle.

Sie sagt: »Das Gras ist ganz schön lang.«
Er sagt. »Ja.«

Leicht irritiert schaut sie ihn an und wiederholt: »Ich meine, das Gras ist lang.«

»Ja?«, wiederholt er fragend. »Es ist lang.«

Lauter als nötig stellt sie das benutzte Geschirr auf das Tablett. Jetzt schaut er sie irritiert an.

Vermutlich bist du, liebe Leserin, überhaupt nicht irritiert, sondern hast sofort verstanden, was die Frau möchte. Es wurde ja wohl deutlich gesagt: Mäh den Rasen! Doch das ist nicht angekommen, obwohl die beiden sich schon eine Weile kennen. Der Mann denkt: »Wenn sie will, dass ich den Rasen mähe, wird sie das wohl sagen.« Die Frau käme nicht auf die Idee, das so direkt zu sagen, weil man das doch sieht. Und da er es nicht gesehen hat, hat sie es ihm in aller Deutlichkeit mitgeteilt: »Das Gras ist lang.«

In seiner Welt- und Gartensicht könnte das aber auch bedeuten: »Schön, dass wir seltener mähen, das ist viel besser für die Insekten, bald haben wir eine blühende Wildblumenwiese.« Oder: »Super, wie entspannt wir sind, dass wir uns das mal gönnen, einfach draußen zu sitzen ohne Pläne, ohne dauernd zu arbeiten, dass wir dem Gras beim Wachsen zusehen.«

»Kann es sein, dass die Katze Flöhe hat?«, fragt die Frau ihren Mann. Heißt: »Kümmre dich darum.« Kommt bei ihm aber nicht so an. Bedeutet über kurz oder lang: schlechte Stimmung, Streit, schlimmstenfalls Rundumschlag: »Nie unterstützt du mich, immer muss ich mich um so was kümmern« – und so weiter, und so fort.

»Das ist schon eine hübsche Tasche da im Schaufenster.« Heißt: »Schenk mir die zum Geburtstag.«

»Ich habe einen total verspannten Nacken.« Heißt: »Massiere mich.«

Für uns Frauen ist das alles sonnenklar. Wir kommunizieren indirekt. Männer jedoch, die direkt kommunizieren, hören sehr oft nur, was wir sagen. Wenn uns eine Tasche gefällt, wenn uns der Nacken wehtut, leiten sie davon nicht unbedingt einen Handlungsauftrag ab. Viele Männer decodieren unsere Botschaften nicht – mit der Folge, dass wir uns nicht gesehen fühlen. Schnell kann eine Situation eskalieren, und der Mann hat überhaupt keine Ahnung, was jetzt schon wieder passiert ist.

Sind Frauen unter sich, merken sie meist gar nicht, dass sie ständig Codes knacken. Souverän bewegen sie sich durch eine Fülle möglicher Interpretationen und können diese sogar oft in einem einzigen Satz abhandeln. Von zehn gesendeten Codes werden von einer Frau alle verstanden.

Ein bemühter Mann mag drei decodieren. Dabei ist ihm klar, dass das zu wenig ist; er hat gelernt, dass er was übersieht, bloß was? Dann beginnt sein Blick manchmal zu flackern, er irrt durch den Raum, als würde da irgendwo eine Lösung hängen. Er forscht in ihrem Gesicht, ob er dort fündig wird. Was ist gewünscht, was soll er jetzt sagen, was erwartet sie von ihm?

Ich erinnere mich, dass ich irgendwann einmal meinen damaligen Freund aufforderte: »Kannst du mir mal was Nettes sagen?« Ich war gerade total frustriert von einer Sache. Ich sehe seinen panischen Blick noch vor mir: »O Gott, o Gott, was ist ›was Nettes‹?« Natürlich sagte er mit traumwandlerischer Sicherheit, da sind Männer wirklich unschlagbar, das Falsche. Schlimmer hätte es kaum kommen können.

»Du kochst gut«, sagte er mir als »was Nettes«. Und obwohl mich das an anderer Stelle gefreut hätte, war es in diesem Moment der Einstieg in eine heftige Beziehungsdiskussion über die Rolle der Frau, in der ich damals, sehr jung, noch ziemlich hitzig argumentierte. Heute führe ich diese Diskussionen auch noch, aber eine Prise abgeklärter.

Männer verstehen, und deshalb lieben sie sie, klare Aussagen. »Warum sagst du nicht, du hättest gern, dass ich den Rasen mähe? Warum sagst du, das Gras sei lang?«, könnte der Mann in dem Beispiel von vorhin zu Recht fragen.

»Weil ich nicht unhöflich sein möchte«, könnte die Frau antworten.

»Was wäre daran unhöflich?«

»Dass ich dir eine Arbeit auftrage.«

»Das tust du doch sowieso ständig«, könnte er antworten. »Darauf kommt's jetzt auch nicht mehr an.«

Nun könnten sie beide lachen. Oder sie könnte ihm das übelnehmen. Sie könnte ihm aber auch etwas von einer Erkenntnis über ihr indirektes Kommunikationsverhalten erzählen: »Wenn ich meine Bitte auf diese Art formuliere, bin ich nicht gekränkt, falls du sie ablehnst. Also schütze ich mich so.«

»Aber du bist doch sowieso gekränkt. Weil ich nicht verstanden habe, was du mir eigentlich sagen wolltest.«

Auch diese Reaktion wäre eine Chance, sich besser zu verstehen.

Wir dürfen mit Männern direkt kommunizieren! Das ist für sie völlig in Ordnung. Und mehr noch: Wir erleichtern ihnen das Leben. Und uns auch, weil sie dann nicht mehr raten müssen, was wir tatsächlich meinen, und wir ungeduldig werden, weil sie es nicht kapieren, wo wir doch so deutlich indirekt waren. Zudem erhöhen wir mit direkter Kommunikation die Chance, dass das passiert oder getan wird, was wir möchten. Denn wenn ein Mann anfängt zu interpretieren, kann das in die Hose gehen. Kurzum: Direkte Kommunikation spart Zeit und Nerven!

Indirekt direkt

Die direkte Kommunikation ist ein wunderbares Lernfeld für uns Frauen, und das gilt für alle Lebensbereiche, nicht nur unsere Beziehungen, sondern auch dort, wo wir uns in einem eher männerlastigen Umfeld bewegen. Ich bin immer eine Freundin davon, mit dem zu arbeiten, was ist, statt auf das zu hoffen, was ich gern hätte. Wenn ich viel mit Männern zu tun habe, die weder Lust noch Zeit haben, zu erraten, was ich meinen könnte, dann finde ich es wunderbar, auch auf den direkten Kommunikationsstil wechseln zu können. Ich gebe aber gern zu, das erfordert Übung.

Hier mal ein kleines Beispiel aus dem Berufsleben, um zu verdeutlichen, wie es uns Frauen nützen kann, auch gegen unser Gefühl eindeutiger zu kommunizieren: Gina war verzweifelt. Zum dritten Mal war es ihr nicht gelungen, eine Gehaltserhöhung durchzusetzen, obwohl sie sich so gut vorbereitet hatte. Sie hatte ihrem Vorgesetzten erzählt, dass ihr Großkunde total zufrieden mit ihrer Projektabwicklung war, ja, dem Vorgesetzten sogar die Mail des Kunden weitergeleitet.

»Schön«, nickte ihr Chef. »Sonst noch was? Oder läuft alles?«
»Nein, es läuft alles gut.«
»Das freut mich.«
Ende des Gesprächs, nächster Termin in sechs Wochen.

Frustriert verließ Gina das Büro. Warum sträubte ihr Vorgesetzter sich, ihr mehr Gehalt zu gewähren? Was hatte er gegen sie? Vermutlich nichts. Wahrscheinlich hatte er gar nicht gemerkt, dass dieses nette Hin und Her ein Gehaltsgespräch war. Oder sie hatte es ihm sehr leicht gemacht, es zu überhören.

Oft wundern sich Frauen, warum Kollegen an ihnen vorbeiziehen, die auch objektiv betrachtet weniger leisten als sie. Wenn wir dann im Coaching ihr Kommunikationsverhalten analysieren, stellen wir fest, dass ihre männlichen Kollegen vielleicht weniger leisten oder sogar können, aber das Wenige geschickter würzen. Eine nette Mail eines zufriedenen Kunden verkaufen sie als supererfolgreich zu Ende gebrachtes Projekt, aus dem Folgeaufträge entspringen werden. Nicht können, *werden*!

»Also das mit dem Folgeauftrag habe ich meinem Chef nicht gesagt«, erzählte Gina mir. »Das habe ich ja noch nicht schwarz auf weiß.«

Was einen männlichen Kollegen vermutlich nicht stören würde. Der den Folgeauftrag auch bei einer zwanzigprozentigen Wahrscheinlichkeit als eingetütet kommunizieren würde.

Eigenlob stinkt, weshalb es mit indirekter Kommunikation umschifft wird? Geld stinkt nicht? Frauen meiden noch zu oft den Wettbewerb. Sie fühlen sich im Miteinander wohler und loben lieber ihr tolles Team als ihre eigenen Führungsqualitäten. Wenn wir eine Karriere anstreben, dann müssen wir auch laut aussprechen können, warum wir gut, ja die Besten sind. Und das können wir in unserer Beziehung üben. Dort wird »Das Gras ist lang« zu »Hey, Schatz, könntest du bitte mal den Rasen mähen?«.

Ich erinnere mich an eine Klientin, die mich nach einem Coaching völlig begeistert anrief. Sie brüllte ins Telefon: »Casy! Es hat geklappt! Ich habe zu ihm gesagt: ›Kannst du bitte die Sachen aus dem Auto räumen?‹ Statt: ›Die Sonne brennt aufs Autodach.‹ Und am nächsten Morgen habe ich gesagt: ›Kannst du heute bitte Hundefutter besorgen?‹ Statt: ›Ich glaube, das Hundefutter geht zur Neige.‹ Er hat in völlig normalem Tonfall gesagt: ›Klar, mach ich.‹«

Das ist der Hammer! Das ist ja so einfach! Das hätte ich nie im Leben gedacht. Man muss halt erst mal draufkommen!« Was wohl gewesen wäre, hätte der Mann anders reagiert? Wäre sie bei einem Nein rückfällig geworden? Auch der Umgang mit einer Absage, für Männer oft überhaupt kein Problem, will bei Frauen gelernt sein, weil sie es häufig persönlich nehmen. Das ist ein weiterer Unterschied zwischen den Geschlechtern.

Nur zur Erinnerung: Auch wenn ich eine Bitte klar äußere, kann der andere trotzdem Nein sagen. Anstatt dann sauer oder enttäuscht zu reagieren und ihm einen Wörterflut zu verpassen, sollte man lieber erst mal nach dem Grund fragen und dann gemeinsam schauen, wie ein Kompromiss aussehen könnte.

Fragezeichen Frau

Frauen kommen häufig zu mir ins Coaching, wenn sie Klarheit darüber haben wollen, ob sie ihren Lebensweg weiter mit einem bestimmten Mann beschreiten sollen. Männer suchen mich auf, wenn die Frau sie verlassen hat und sie verstehen wollen, was da passiert ist, damit ihnen gewisse Fehler beim nächsten Mal nicht wieder unterlaufen oder sie früher merken, dass es vielleicht nicht passt. Das heißt, die Frauen kommen im Prozess, wenn sich noch was verändern lässt, und die Männer, wenn es vorbei ist, aber sie haben keine Ahnung, warum. Okay, es gab hin und wieder Streit. Ja, sie hat mal gesagt, dass sie sich nicht richtig gesehen fühlt. Stimmt, das mit der Aufteilung im Haushalt war nicht ideal. Und ja, er hatte keine Lust auf Beziehungsdiskussionen. Aber das waren doch bloß Kleinigkeiten, sie hatten doch eine Superbeziehung. Wie konnte sie das einfach wegwerfen? Wenn die Männer dann nach und nach erkennen, dass ihre Ex-Freundinnen im Laufe

der Beziehung einen Riesenfrust angesammelt haben, der dann zum großen Knall führte, fallen sie aus allen Wolken. Sie fragen: »Was hätte ich denn tun können, wenn ich es gar nicht gemerkt habe?«
»Es ist ziemlich egal, was du getan hättest«, antworte ich. »Hauptsache, irgendwas.«

Die meisten Frauen sind ziemlich großherzig, wenn sie merken, dass ihr Mann wenigstens versucht, zu verstehen, was in ihnen abläuft. Es geht ihnen gar nicht darum, dass er das ultimativ Richtige tut, sondern dass er überhaupt etwas unternimmt. Frauen brauchen selten die großen Gesten wie im Kino, das Schlafzimmer voller Rosenblätter und Champagner. Wichtiger ist ihnen, dass ihr Mann ihren Alltag teilen möchte, dass er sie im gemeinsamen Leben zu verstehen versucht. Also lieber jeden Morgen und Abend ein Küsschen, das ihr zeigt: »Er sieht mich«, als einmal das große Dinner. Ich glaube, dieses Gesehen-werden-Wollen ist ein fundamentales Bedürfnis von Frauen in Beziehungen.

Wir wollen kein Möbelstück sein. So wie es durch die Jahrhunderte die Realität vieler Frauen war. Es war selbstverständlich, dass sie da waren, dienstbare Geister ohne eigene Bedürfnisse. Auch Mutti war immer da. Ich glaube, dass viele Männer noch in den Kinderschuhen stecken, wenn es darum geht, ihren Frauen echte Wertschätzung entgegenzubringen und diese auch im Alltag zu zeigen. Statt großer Gesten tägliches gleichberechtigtes und »gleichbepflichtigtes« Miteinander, das zahlt auf das Konto einer langfristigen Beziehung ein.

Allerdings bedeutet das für Frauen auch, dafür mit die Verantwortung zu übernehmen, ihren Partner nicht raten zu lassen, was ihnen wichtig ist, sondern es zu sagen.

Oft beklagen Frauen auch, dass ihre Männer so selten die magischen drei Wörter sagen oder ähnliche wie »Ich habe dich vermisst«, »Ich freue mich auf dich« oder »Schön, dass es dich gibt«. Für Männer sind diese Sätze in der Regel nicht so wichtig. Sie müssen sie nicht hören, deshalb kommen sie auch nicht auf die Idee, sie oft zu äußern. Einem Mann kann es genügen, einmal alle drei Jahre »Ich liebe dich« zu sagen oder zu hören. Er muss seine Gefühle nicht vertonen. Sie werden auch nicht stärker dadurch, dass er sie ausspricht. Er weiß es und fertig.

Wenn es dann aber eingefordert wird: »Nie [bedeutet: ›zu selten‹] sagst du, dass du mich liebst«, und er es dann sagt, wird ihm gern unterstellt, das nicht so zu meinen. Er soll es nämlich nicht nachplappern oder nur irgendwie dahinsagen, sondern unaufgefordert, freiwillig, überzeugend und am besten noch, wenn ich gar nicht damit rechne. Denn wenn er es nur nach Aufforderung sagt, ist es ja nicht mehr freiwillig und gilt also nichts, auch falls er nur laut spricht, was er spürt.

Gewiss, es braucht eine Portion Selbstbewusstsein, um vom Partner – ohne verletzt, beleidigt, gekränkt aufzutreten – einzufordern: »Sag mir mal wieder, dass du mich liebst. Ich brauch das gerade.« Einfach so sagen, wonach man sich sehnt. Statt dem anderen ständig mitzuteilen, wie sehr man ihn liebt, in der unausgesprochenen Hoffnung, endlich selbst mal zu hören: »Ich dich auch.«

»Hätte ich ihr öfter sagen müssen, dass ich sie liebe?«, fragte mich einmal ein ziemlich verzweifelter junger Mann, der von der Trennung wie vor den Kopf gestoßen war. »Sie hätte es spüren müssen. Ich war doch so gern mit ihr zusammen.«

»Ja, das war ja auch komfortabel für dich«, erinnerte ich ihn, denn er war bei ihr eingezogen, und sie hatte es genossen, ihn zu

verwöhnen.« »Woher also sollte sie wissen, dass du nicht aus Bequemlichkeit mit ihr zusammen warst?«
»Das merkt man doch«, meinte er empört.
»Woran?«, fragte ich.
Da wurde er nachdenklich. Nach einer Denkpause fragte er dann: »Aber warum sagt sie das nicht?«

Wenn eine Frau einen Mangel in einer Beziehung erlebt, wird sie den nicht unbedingt, wir erinnern uns, direkt äußern. Sondern über Umwege. Die der Mann eventuell nicht nachvollziehen kann. Ihr wiederum bleibt es schleierhaft, dass er keine Gedanken lesen kann. So häufen sich Missverständnisse an, und irgendwann glauben wir, der andere mache das mit Absicht. So doof, unaufmerksam, naiv, was auch immer, kann der doch gar nicht sein ...! Die Fronten verhärten sich immer mehr, irgendwann kommt es zum Knall, und die Beziehung endet. Schade.

Komplimente

Ein Sonderfall der gelungenen Kommunikation in einer Beziehung ist das Thema »Komplimente«, also wie wir unsere Wertschätzung ausdrücken. Frauen schütten Lob und Anerkennung aus Füllhörnern über ihre Männer. Die werden für alles angehimmelt: »Wie toll er den Tisch gedeckt hat!«, »Schatz, danke, dass du daran gedacht hast, Getränke zu besorgen«, »Oh, das ist ja lieb von dir, dass du die Waschmaschine ausgeschaltet hast« ... Wieso tut sie das, wenn sie doch fifty-fifty im Haushalt vereinbart haben? Sie möchte ihn bestärken und bei der Stange halten. Er soll nicht nachlassen, eher noch mehr machen. Deshalb lobt sie ihn so überschwänglich für Dinge, die de facto selbstverständlich nicht der Rede wert sind. Und sie möchte ihrerseits Lob und Anerkennung von ihm für das, was sie macht.

Du erinnerst dich: Manche Frauen zählen ihren Männern regelmäßig auf, was sie getan haben: »Heute habe ich mich um die Autoversicherung gekümmert, ich habe das Altglas weggebracht und gründlich gesaugt ...«

»Danke«, sagt er vielleicht. Oder er sagt nichts, weil er glaubt, das sagt sie, damit er ein schlechtes Gewissen kriegt, weil er zu wenig macht. So weit reichen die Übersetzungsfähigkeiten dann doch. Vielleicht aber denkt er sich auch gar nichts. Es war ja keine direkte Aufforderung dabei. Die Idee von Komplimenten ist eine andere: Komplimente sind in der Beziehung für beide Partner wichtig, vorausgesetzt, es sind echte Komplimente von Herzen. Sie drücken Wertschätzung und Liebe aus. Und sie kommen oft überraschend um die Ecke.

Als ich dieses Buch schrieb, sprach ich mit meinem Partner über viele Phänomene zwischen Männern und Frauen. Natürlich auch über die unterschiedlichen Kommunikationsstile und darüber, dass wir Frauen ja doch viel mehr Worte um alles machen, und so ganz nebenbei sagte er wörtlich zu mir: »Ich habe mich in den vergangenen 25 Jahren mit dir noch nie gelangweilt.« Ich guckte ihn an wie ein Auto. Da grinste er und meinte: »Is' so.« Für mich ist das ein tolles Kompliment, weil ich, typisch Frau, schon manchmal denke, dass ich ihm mit meinen vielen Geschichten und Gedanken »auf den Keks« gehe, zumal in unserer Beziehung der Redeanteil prozentual durchaus erkennbar höher bei mir liegt.

Komplimente mache ich nicht als Belohnung für ein Verhalten, das ich fördern möchte, oder damit ich auch eins abstaube. Komplimente zum Zweck sind vergiftete Komplimente, und der andere spürt das irgendwann sehr schnell. Wenn du ihm also ein Kompliment machst und er daraufhin sinngemäß so etwas wie

»Was soll ich machen?« sagt, dann weißt du, dass deine Komplimente vielleicht gar keine echten mehr sind, sondern eher Zweckschmeicheleien.

Übrigens, wenn du Kinder hast, dann kennst du Zweckkomplimente zur Genüge. Da wird die Mutter plötzlich zur absolut allerbesten Mama von der Welt ernannt; und sie fragt sich, was mit dem Kind los ist. Kurz darauf weiß sie es, wenn die Frage kommt, ob es vielleicht dieses oder jenes machen darf, was normalerweise tabu ist.

Kindern verzeihen wir Zweckkomplimente; wir erkennen die Manipulation, ohne sie ihnen groß übel zu nehmen. Bei einer Erwachsenenbeziehung auf Augenhöhe sollte es anders laufen. Wenn du das Gefühl hast, er schmeichelt dir, um etwas zu bekommen, stimmt was nicht. Und andersrum gilt es genauso. Wenn du merkst, dass du besonders nett zu deinem Partner bist, weil du möchtest, dass er etwas erledigt, dann frag dich mal, wie das bei ihm ankommen könnte.

In beiden Fällen gilt: Sprich es an. Nicht als Anklage, sondern schildere deine Gefühle, zum Beispiel in Sätzen wie diesen: »Wenn du mir etwas Nettes sagst und kurz darauf etwas erwartest, dann fühle ich mich manipuliert. Dein Kompliment scheint dann Mittel zum Zweck zu sein. Und wenn ich diesen Eindruck habe, macht mich das traurig, und das Kompliment ist nichts mehr wert.«

Wie bei allen emotionalen Themen empfiehlt es sich, das Problem nicht als Anklage zu formulieren, sondern das eigene Innenleben zu thematisieren. So belasse ich den anderen in seiner Erwachsenen-Verantwortung. Wenn ich ihm dagegen einen Vortrag halte, wie er sich zu verhalten hat, dann behandle ich ihn wie ein Kind und darf mich dann auch nicht wundern, wenn er wie ein solches reagiert.

DREI FRAGEN, DIE DICH WEITERBRINGEN

- Hand aufs Herz: Schaffst du es, dich bei Beziehungsgesprächen aufs Wesentliche zu konzentrieren und statt Vorwürfen deine Bedürfnisse zu formulieren?
- Gibst du ihm ehrlich eine Chance, seinen Standpunkt äußern zu dürfen?
- Wie gut kannst du seine Bedürfnisse hinter den Worten erkennen?

Stresstest Alltag

Wenn du mich lieben würdest, würdest du die Zahnpastatube zudrehen.
Wenn du mich lieben würdest, würdest du deine Socken nicht herumliegen lassen.
Bin ich vielleicht deine Putzfrau?
Ich will es in meinen eigenen vier Wänden gemütlich haben, nicht aseptisch.
Alles bleibt an mir hängen.
Kannst du vielleicht endlich mal …?
Du kannst mich mal!

So oder so ähnlich wird die Wohnung zum Schlachtfeld. Und dabei hat man sich so sehr gefreut, endlich zusammenzuziehen – vielleicht die erste große Etappe auf dem Weg zur Familiengründung. Aber dann kommt alles anders, meistens als besprochen. Denn natürlich hat man sich versprochen – oder nicht, weil man tausendprozentig sicher war, das klappt auch ohne Worte? –, dass man die Haushaltspflichten aufteilen wird. Was ist aus 50 zu 50 geworden? 90 zu 10? 80 zu 20?

Was brauchst du, damit es dir in deinen vier Wänden gut geht? Das kann etwas total anderes sein als das, was ich brauche. Blöderweise teilen wir unsere vier Wände. Gewohnheiten sind nicht einfach abzustellen. Viele werden in unserer Kindheit geprägt. Eine Kollegin erzählte mir einmal, dass sie nie Termine nach 17.00 Uhr vereinbart, weil in ihrer Kindheit pünktlich um 17.30 Uhr, wenn der Vater von der Arbeit nach Hause kam, das Essen auf dem Tisch stand.

Wenn man Ordnungen zu hinterfragen beginnt – Handtücher immer mit der offenen Seite nach hinten ins Regal, Handcreme neben das Bett, Bücher plan an die Kante des Regals und so fort –, dann landet man meistens in seiner Kinderstube, wo das genauso gemacht wurde. Gerade Frauen verfügen in Sachen Haushalt über unzähliges Dos und Don'ts, die sich vielen Männern trotz bester Absichten nie erschließen – weswegen sie dann manchmal aufgeben.

»Darf ich das in die Waschmaschine tun?«
»Ich wollte dunkle Wäsche waschen.«
»Aber das ist doch dunkel.«
»Nein, das ist blau.«
»Ach so«, wird der Mann zum kleinen Jungen.

Um dem vorzubeugen, könnte man beispielsweise beschließen, dass jeder selbst für seine Wäsche zuständig ist. Dann muss die Frau es aber eventuell aushalten, dass der Wäscheständer mit seinen Klamotten tagelang im Weg steht, weil er ihn vergessen hat, obwohl er ihn jedes Mal, wenn er in den Keller geht, beiseiteschiebt. Es bringt auch nichts, wenn sie ihn noch zentraler ins Mittelfeld rückt. Dieser Mann hat eine Wäscheständerblindheit, und damit ist er kein Einzelfall!

Was tun? Sich am besten anstecken lassen oder einen zweiten Wäscheständer besorgen. Das ist lächerlich? Nein, es ist eine praktische Lösung für ein Problem, das Beziehungen auf Dauer vergiften kann, bis zum finalen Stadium, in dem dreckige Wäsche auch außerhalb der Maschine gewaschen wird. Wenn die Beziehung im Großen und Ganzen gut ist, warum sollte man ihr das antun? Gewiss können Zahnpastatuben zu Beziehungskillern werden, aber dann war schon vorher etwas nicht »in Ordnung«. Viele Kleinigkeiten im Haushalt ballen sich früher oder später zu einem Beziehungsproblem, wenn man keinen gelassenen, am besten humorvollen Umgang mit ihnen pflegt.

Haushaltsdebatten

»Wenn die Wäsche aus dem Trockner kommt, muss sie sofort in den Schrank geräumt werden.«

»Wer sagt das?«

»Das ist so, weil sie sonst stinkt.«

»Ich dachte, sie wird im Trockner getrocknet, extratrocken.«

»Das ist eben so.«

So weit steigen nur wenige Männer in die Diskussion ein. Sie strecken vorher die Waffen und versuchen, sich irgendwie durchzuschlängeln, denn wie sie es auch machen, es ist meistens falsch. Ich übertreibe? Leider nicht. In unzähligen Coachings habe ich eine Menge von Regeln gehört, deren Herkunft unwissenschaftlich im Dunkeln blieb. Vermutlich hat es die Mutter so gemacht oder die Großmutter, und das wurde übernommen wie eine ganz bestimmt Knotenknüpftechnik beim Rollbraten. Und abends muss die Küche aufgeräumt werden, damit am nächsten Morgen alles sauber ist. Dagegen ist gar nichts zu sagen. Kompliziert wird es nur, wenn Gewohnheiten, die absolut individuell und subjektiv sind, zu Gesetzen deklariert werden, auf Biegen und Brechen.

»Warum muss am nächsten Morgen alles sauber sein? Ich fände es herrlich, am Morgen an den Abend davor erinnert zu werden. Das war doch ganz schön gestern, oder, Schatz?«

»Das wird so gemacht, damit die Essensreste nicht ausdünsten.«

»Dann lüftet man halt.«

»Es könnten sich Fliegen versammeln.«

»Durch die geschlossenen Fenster?«

»Fliegen kommen überall rein.«

Und so weiter, und so fort. Hört euch mal genau zu, und fangt dann an zu lachen. Oder erfindet neue Gründe. Die sind oft genauso logisch wie das, was ihr sagt und für durchdacht haltet. In Wirklichkeit geht es doch oft, Hand aufs Herz, ums Rechthaben, um die Deutungshoheit. Man möchte, dass etwas so gemacht wird, wie man es immer gemacht hat, zumal wir oft unbewusst familiäre Muster übernehmen. Wenn die Dinge im elterlichen Haushalt des Mannes aber anders gemacht wurden als im elterlichen Haushalt der Frau ... dann wird der Alltag zum Stresstest.

Wer die Deutungshoheit hat, der hat die Macht. Der bestimmt, wie was aufgeräumt wird und wann. Der markiert sein Revier.

Es geht nicht darum: »Wenn du mich wirklich lieben würdest, würdest du deine Socken nicht vor dem Bett liegen lassen.« Die grundlegende Frage lautet: »Wollen wir miteinander wohnen oder gegeneinander kämpfen?«

Wie genau der Haushalt geführt werden soll, ist ein Riesenstreitthema in Beziehungen. Leider verdrängt es oft so vieles andere, was wirklich gut läuft. Zu den Klassikern gehört, dass er sich zwar beteiligt, aber nicht in der Qualität, die sie erwartet. Obwohl sie es weit von sich weist, eine Art Hausfrau zu sein – weil sie eine moderne Frau und nicht ihre eigene Oma ist, die nicht mal berufstätig war, sondern wirklich nur Hausfrau –, weiß sie genau, wie der Haushalt im Detail laufen soll. Sie will zwar nichts damit zu tun haben, pocht jedoch darauf, dass ihre Haushaltsregeln befolgt werden. Er ist willig, aber schwach im Durchhaltevermögen; und da er sowieso alles falsch macht, stellt er seine Bemühungen irgendwann ein. Es ist so ähnlich wie bei jungen Eltern. Wenn die Mütter den Vätern ständig die Kinder aus dem Arm nehmen, weil sie angeblich irgendwas falsch machen, kümmern sich die Väter immer weniger um die Kinder. Und die moderne Frau übernimmt immer mehr Pflichten, die sie sich eigentlich partnerschaftlich geteilt wünscht.

Ich verallgemeinere hier mit voller Absicht, weil ich solche Geschichten im Coaching so oft höre. Als Junggeselle kam der Mann bestens zurecht. Kaum wohnt er mit seiner Freundin zusammen, regrediert er, verliert sukzessive seine Fähigkeiten, sorry, Ladys, auch weil wir sie ihm absprechen. Wir treffen Verabredungen für ihn, vereinbaren seine Arzttermine, waschen seine Wäsche und kochen. Was er ja nie verlangt hat. Wir haben das freiwillig an uns gerissen und beschweren uns dann, dass es so ist.

Wenn ich das im Coaching so überspitzt formuliere, höre ich oft eine empörte Antwort: Wenn sie das und das nicht machen würde, würde es gar nicht erledigt. Vielleicht stimmt das auch, aber ich verweise dann gern noch mal auf die Ursprungssituation: Er hatte ein Leben vor dir und ist tatsächlich auch klargekommen! Ohne Frage ist das bequem für den Mann, wenn frau alles regelt; und wenn er das mal begriffen hat, will er diese Privilegien vielleicht nicht so gern aufgeben. Das kann ich total gut verstehen. Zumal er ja ohnehin erschreckend talentlos im Haushalt ist, wie ihm oft genug bescheinigt wurde. Bevor er also was falsch macht, macht er gar nichts mehr.

Ein Schelm, wer glaubt, dies sei eine ausgefeilte Strategie, den Mann abhängig zu machen. Damit er die Frau nie verlässt? Der Gedanke liegt nahe, denn wenn Paare sich trennen, haben Männer nicht nur jenseits der fünfzig sehr häufig die nächste Vollpension in Aussicht. Deshalb können sie es auch kaum glauben, wenn sie von Frauen verlassen werden, die keinen neuen Mann in petto haben. Frauen trauen sich auch ohne neu gebuchten Partner zu gehen.

Humor hilft!

Wenn wir über Haushaltspflichten streiten, sollten wir als Erstes analysieren, wie es zu der Unzufriedenheit kam. Was läuft anders als abgesprochen? Wie sehen die eigenen Erwartungen aus? Dem anderen vorzuwerfen, nie mache er dies oder jenes, wirbelt nur Staub auf.

Besser, man lässt einen neuen Mitbewohner einziehen: Humor!

Eine Klientin erzählte mir einmal augenzwinkernd, wie es ihr gelungen ist, sich nicht mehr über das häufig fehlende Männer-Gen für »Sachen verschließen« aufzuregen. Denn das machte sie wahnsinnig. Sobald ihr Mann an einem Behältnis einen Deckel geöffnet hatte, blieb das so. Er konnte offensichtlich nur öffnen, nicht schließen, auch Türen, und in der Wohnung blieben stets alle Lampen an.

»Wie oft habe ich eine Sprudelflasche, ein Gurkenglas, egal, was, hochgehoben und hatte den Deckel in der Hand, während das Glas auf dem Boden zerschellte. Oder eine Creme ist ausgetrocknet. Einmal hat unser Hund eine Wochenration vertilgt, weil die Futterdose nicht geschlossen worden war. Wir mussten zum Tierarzt. Nicht mal das war meinem Mann eine Lehre. Deshalb bin ich überzeugt, dass manche Männer eine Art Gen-Defekt beim Schließen haben.«

Ich musste sehr lachen und war gespannt, wie die Geschichte weiterging, denn der Tonfall, in dem die Klientin diese Begebenheiten erzählte, versprach ein Happy End. Es war mit Humor gelungen: »Wenn er heute etwas offen stehen lässt, etwas nicht zuschraubt, rege ich mich nicht auf, sondern sage etwas wie ›Danke, dass du mir gezeigt hast, dass du dich eingecremt hast‹ oder ›… Wasser getrunken hast‹ et cetera. Und er sagt zum Beispiel: ›Schön, dass du meine Botschaft entschlüsselt hast.‹ Dann grinsen wir beide. Seit wir das so handhaben, ist es besser geworden! Und lustiger. Ich kann jetzt auch gut damit leben. Zumindest meistens.«

Die beiden haben aus dem Problem eine Challenge gemacht, und das macht es leichter.

Hoheitsgebiete

Dass Männer am liebsten in Kellern, Scheunen und Garagen leben, wird gern kolportiert. In ihrer Bastlerwerkstatt können sie schalten und walten, wie sie wollen, weil Frauen diese Räume meiden. Wohl kaum käme eine auf die Idee, in der Hobbywerkstatt ihres Mannes Ordnung zu schaffen.

Er jedoch sollte idealerweise mit ihr zusammen das Haus verschönern … das Nest bauen, was ja, wenn Frauen gern dekorieren, auch eine Art Hobby ist.

Ich glaube, bei solchen Unterschieden schlägt mal wieder unser evolutionsbiologisches Erbe durch. Die Frau baut ein Nest für die Familie. Ich schreib das jetzt mal so hin, auch wenn so was verpönt ist. Doch spätestens, wenn eine Frau schwanger wird, frönt sie dem Nestbautrieb, dann hormongesteuert. Und der werdende Vater? Der macht genau dasselbe, wenn er sich über die technischen Vor- und Nachteile der verschiedenen Kinderwagentypen oder Steckdosen-Schutzklappen informiert und eifrig eine Treppensicherung montiert.

Der Reparaturauftrag

Bei einem Paarcoaching sagte die Ehefrau unverblümt, was sie von mir erwartete. Ich sollte ihren Mann »reparieren«. Während sie ausführlich schilderte, was bei ihm angeblich alles kaputt wäre, saß er neben ihr, ohne seine Miene zu verziehen. Vermutlich hatte er diese Klagen schon oft gehört.

Die Beschwerdeliste war lang, und viele Punkte drehten sich um seine mangelnde Fähigkeit, Ordnung zu halten: im Badezimmer, in der Küche, bei den drei vermieteten Apartments, für die er zuständig war. Und auch im Keller könnte mal wieder gekehrt werden. Außerdem reklamierte die Gattin, dass ihr zu wenig Wertschätzung zuteilwürde für ihre eigene vorbildliche Ordnung. Dann blickte sie mich erwartungsvoll an.

Ich schaute zum Mann und fragte ihn: »Angenommen, du würdest alles, was eben aufgezählt wurde, zur vollsten Zufriedenheit deiner Frau erledigen. Wäre eure Beziehung dann glücklicher?«

»Das glaube ich nicht«, antwortete er ruhig, womit er seine Frau aus der Fassung brachte, die absolut davon überzeugt war, wenn diese Fehler »repariert« wären, stünde ihrem gemeinsamen Glück nichts mehr im Wege. Der Mann fuhr, zu ihr gewandt, fort: »Dann wärest du ja nicht mit *mir* zusammen, sondern mit einem Roboter.«

Im weiteren Verlauf dieses Coachings ging es für die beiden darum, zu erkennen, dass »Ordnung muss sein« ein Stellvertreter für ein ganz anderes Thema war, nämlich das Bedürfnis nach Sicherheit bei meiner Klientin. Ordnung und Aufgeräumtheit gaben ihr das Gefühl, das Leben im Griff zu haben, Unsicherheiten einzudämmen, eben irgendwie Kontrolle zu haben. Und das war ihr wichtig, da sie ein etwas unsicherer Typ war. Folgerichtig empfand sie die Entspanntheit ihres Mannes im Umgang mit Ordnung nicht als das, was es war, nämlich eben wirklich einfach nur ein anderer Umgang mit dem Thema. Sondern sie wertete es als Angriff auf ihr Sicherheitsgefühl. Und das machte das Thema letztlich so brisant.

Wohl jeder kennt den Spruch »Ordnung ist das halbe Leben« – und das war ihr Motto, das gab ihr das Gefühl von Kontrolle über ihr Leben, wenn zu Hause alles genau so war, wie sie es haben wollte. So erlebte sie seine Unordnung als Angriff auf ihr Kontrollbedürfnis, hinter dem sich wiederum der Wunsch nach Sicherheit verbarg. Durch sein Verhalten hatte sie etwas nicht mehr im Griff, und das setzte jede Menge negative Emotionen frei, für die er zum Blitzableiter wurde.

Als dieses innere Motiv endlich auf dem Tisch lag, konnten die beiden besser damit umgehen. Vor allem wurde meiner Klientin klar, dass ihr Mann nicht unordentlich war, um ihr eins auszuwischen oder ihr Bedürfnis nach Kontrolle und Sicherheit zu torpedieren.

Arbeitsteilung

Immer wenn ich mit Klienten über ihre Beziehung spreche, kommt über kurz oder lang das Thema »Arbeitsteilung« aufs Tapet. Das funktioniert nun mal nicht ohne Absprachen und Kompromisse. Beide Seiten müssen sich bewegen, weil der Alltag neunzig Prozent einer Beziehung ausmacht, nicht die Leuchtturmmomente wie gemeinsame Sonnenuntergänge, ein romantisches Dinner, Händchen halten am Lagerfeuer. Der Alltag kann auch eine große Liebe killen.

Wie schafft ein Mann es, so elegant um den Berg dreckiger Wäsche herumzulaufen? Wieso sieht der das nicht? Wenn er unsere Beziehung ernst nähme und an einer fairen Arbeitsteilung interessiert wäre, wie er es vorgibt, dann würde er die Wäsche endlich in die Maschine legen und auf den Knopf drücken. Was daran so schwierig sei, will eine Klientin von mir wissen.

Ich frage sie: »Welchen Vorteil bringt es, einen Bogen um den Berg schmutziger Wäsche zu machen?«

Mit großen Augen schaut sie mich an.

»Ist es nicht auch ein Talent, manche Dinge ausblenden zu können?«, werde ich deutlicher.

»Ein Talent?«, wiederholt sie. Das gefällt ihr nicht. Talente sind ja was Positives. Die Wäsche im Weg ist einfach nur lästig und darüber hinaus ein Beleg für die Missachtung ihrer Bedürfnisse.

»Wer mit diesem Talent gesegnet ist, kümmert sich nicht ständig um alles und macht stattdessen seinen Kram.«

»Während mein eigener liegen bleibt«, sagt die Klientin. Jetzt hat sie verstanden, worauf ich hinauswill. Aber es gefällt ihr nicht. »Die Wäsche muss doch aber gemacht werden!«

»Wird sie ja auch. Von dir.«

»Und dafür lass ich anderes liegen, was mir wichtig ist«, sagt sie mehr zu sich selbst als zu mir.

»Was wäre denn, wenn du die Wäsche liegen lassen würdest?«

»Die wird nicht von allein sauber!«, meldet sich ihre alte Überzeugung.

»Könntest du sie überhaupt eine Weile liegen lassen und deinen Kram machen?«

Lang denkt sie nach. Dann sagt sie: »Ich glaube, nicht. Dieses Talent fehlt mir.« Jetzt lacht sie ein bisschen. Sie beginnt zu verstehen, dass es auch eine Frage des Zeitpunkts sein könnte. Nicht im Sinne von »Wer hat den längeren Atem, wer gibt zuerst auf?«, sondern indem man sich gerade im Haushalt immer wieder vor Augen hält, dass nicht alles sofort geschehen muss.

»Oder rennt die dreckige Wäsche bei euch weg, wenn sie mal eine Stunde länger liegt oder auch einen Tag länger oder sogar eine Woche?«, frage ich.

Sie grinst.

»Vielleicht habt ihr ja nicht so viele Klamotten?«

Jetzt platzt sie laut heraus: »Mehr als genug! Womöglich ist das unser Problem!«

Wir kommen zu dem verallgemeinernden Ergebnis, dass Frauen dazu neigen, eine Arbeit im Haushalt sofort erledigt haben zu müssen, wenn sie eine sehen. Männer sind da gelassener.

»Wenn ich mir das mal aus dieser neuen Perspektive überlege«, sagt meine Klientin nachdenklich, »könnte ich glatt was von meinem Mann lernen. Der geht viel entspannter mit vielem um als ich. Nicht nur im Haushalt. Auch wenn ich Ärger im Job habe. Ich will dann abends noch eine Kollegin anrufen und mit ihr darüber sprechen. Er sagt: ›Schlaf mal eine Nacht drüber.‹ Und eigentlich hat er recht. Also nicht, dass ich damit sagen will, meine Vorstellung davon, wie es bei uns zu Hause aussehen soll, sei falsch.

Aber vielleicht könnte ich ein bisschen von der Einstellung meines Mannes profitieren, meinst du das so?«

Ich nicke.

Wieder geht sie einen Schritt zurück in ihrem Ringen um die neue Mitte, die sicher noch einige Zeit dauern wird, ehe sie gefunden ist, nämlich mindestens 66 Tage. »Für mich ist es zum Beispiel wichtig, am Monatsersten die Bettwäsche abzuziehen. Ich kriege Stress, wenn ich das nicht schaffe. Er sagt, auf den einen oder anderen Tag komme es nicht an.« Sie zögert. »Es ist ja Blödsinn, wenn ich mir wegen so was Druck mache. Oder Vorwürfe. Damit verschwende ich Zeit, die ich besser nutzen könnte.«

Ich nicke.

»Aber wenn du jetzt glaubst, Casy, dass ich mich bei ihm bedanke, wenn er einen Bogen um den Wäscheberg macht, dann irrst du dich.«

Menschen haben unterschiedliche Geschwindigkeiten, wann sie was erledigen. Stellen wir uns vor, dieser Mann würde allein wohnen. Dann würde er sich gewiss um den Wäscheberg kümmern. Früher oder später, denn im Allgemeinen gehen Männer nicht gern shoppen. Dann doch lieber die Waschmaschine befüllen. Das heißt: Er ist dazu fähig, eines Wäschebergs Herr zu werden. Somit liegt das Problem zweifellos am Zeitgefühl. *Wann* er es tut. Für seine Frau immer zu spät. Für ihn selbst zur rechten Zeit. Er hat ein anderes Gefühl von Dringlichkeit. Darüber sollten wir mit unserem Partner sprechen, statt ihn zu fragen, warum er schon wieder nicht ... und so weiter.

Das sind Einbahnstraßen. Nach Verschiedenheiten zu suchen, macht Spaß und ist viel interessanter. So kommen wir in einen Dialog und lernen uns vielleicht von ganz neuen Seiten kennen. Uns selbst und den Partner. Und können voneinander lernen. Am

Ende wird aus einem Stressthema in einer Beziehung ein Wachstumsthema.

Stellvertreterstreit

»Immer bleibt alles an mir hängen!« Diesen Satz hörte Christines Mann täglich, und ich hörte ihn auch von ihr. Nicht nur, dass sie einkaufte, kochte und putzte, sie bügelte auch seine Hemden. »Nie habe ich Feierabend«, beschwerte sie sich bei ihm, der entspannt auf dem Sofa saß.

»Setz dich doch zu mir. Wir können uns einen Film anschauen.«

»Wie stellst du dir das vor? Ich habe noch so viel zu tun, ich bin noch lange nicht fertig!«

»Das kannst du doch morgen machen. Ruh dich doch auch mal aus«, lud ihr Mann sie ein, was sie als Unverschämtheit empfand. Sie rackerte sich für ihn ab, und statt ihr zu helfen, machte er sich noch lustig über sie!

»Wie soll ich es mir gemütlich machen, wenn es hier so aussieht?«

»Also, bei mir klappt es«, versuchte ihr Mann einen Scherz, der gar nicht gut ankam. Wie um zu beweisen, wie ungemütlich es im Wohnzimmer war, begann Christine nun, hier herumzufuhrwerken. Mit dem Ergebnis, dass ihr Mann das Zimmer verließ. Früher wäre er vielleicht in die Kneipe gegangen, mittlerweile verschanzte er sich hinter seinem Computer. Unzufrieden, ja, mehr noch, unglücklich wegen der schlechten Stimmung, kochte Christine Nudeln. Mit seiner Lieblingssoße, kleines Versöhnungsangebot. Kurz vor dem Abgießen des Nudelwassers rief sie: »Essen ist gleich fertig.« Drei Minuten später rief sie ein weiteres Mal: »Essen ist fertig.«

Und dann noch einmal »Essen!«

Man soll ja kein Essen in den Müll werfen, aber genau da landeten die Nudeln, als ihr Mann nach dem dritten Ruf immer noch nicht erschien, und kurze Zeit später landete auch Christines Beziehung genau da. Ihre Probleme hatten schon viel früher begonnen, was sie aber erst im Coaching erkannte.

Der Haushalt ist oft nur ein Stellvertreter für anderes, zum Beispiel für den Umgang mit den Bedürfnissen des Partners. Deshalb braucht es Klarheit bei unseren Wünschen und denen unseres Gegenübers, statt alle Energie darauf zu richten, dass man keimfrei vom Küchenboden essen kann, oder versucht, den anderen »ordentlich« zu erziehen.

Ein weiterer Aspekt ist, dass der Haushalt früher die »Zwangsdomäne« der Frau war. Heute erwarten wir von unserem Partner, dass er sich an den häuslichen Arbeiten auch entsprechend und unaufgefordert beteiligt. Lässt er das sein, fühlen wir uns schnell nicht ernst genommen und in angestaubte Rollenmuster gedrängt. Die Verteilung von Workload, ob mental oder tatsächlich, ergibt sich in den wenigsten Beziehungen von allein so, dass beide damit zufrieden sind.

Ist es nicht verrückt, dass wir uns zu Hause zuweilen so unsensibel, ja, rücksichtslos benehmen? So würden wir als Gast bei anderen niemals auftreten, da sagen wir »Bitte« und »Danke« und haben Manieren, die wir daheim manchmal vergessen. Gewiss, unsere vier Wände sind der Ort, an dem wir uns vollständig entspannen möchten. Doch wenn wir diesen Ort mit einem oder mehreren anderen Menschen teilen, dann geht es nur mit gegenseitiger Rücksicht, mit Respekt und Wertschätzung.

Meine Ordnung, deine Unordnung

Ich erinnere mich an eine Professorin, die einigermaßen verzweifelt war. In ihrem beruflichen Alltag war sie organisiert und strukturiert, ihr Fokus lag immer auf den richtigen Themen. Zu Hause aber scheiterte sie daran. Sie war beschämt darüber, so viel Zeit für so viele Nebensächlichkeiten wie häusliche Ordnung zu verschwenden. Ihre abendlichen philosophischen Diskussionen bei einem Glas Wein am offenen Kamin waren in der Lauge des Abwaschwassers untergegangen.

Die Meinungsverschiedenheiten entzündeten sich vor allem am Zustand des fünfzig Quadratmeter großen Wohnraums. Sie wollte, dass der aufgeräumt war. Nichts sollte herumliegen, nur dann konnte sie sich entspannen. Äußere Ordnung war ihr Schlüssel zu innerer Ordnung. Während sie das in ihrem beruflichen Umfeld nicht nur gestalten, sondern auch weitestgehend bestimmen konnte, war das zu Hause nicht möglich wegen des gänzlich anderen Ordnungsverständnisses ihres Partners. Für ihn gehörten zur Gemütlichkeit aufgeschlagene Bücher, Zeitungen, Weingläser vom vergangenen Abend, auch Werkzeug, weil er gern Uhren reparierte und immer mal wieder an einer Schraube drehte. Das entspannte ihn, führte nur leider gleichzeitig zu immer mehr Spannungen zwischen den beiden.

Sie sagte: »Ich brauche hier alles an seinem Platz. Ich komme sonst nicht zur Ruhe. Ordnung ist das halbe Leben.«

Er sagte: »Aber nicht nur. Ich bevorzuge die andere Hälfte.«

Nach einem Jahr trennten sie sich, jedoch nur räumlich. Als Paar blieben sie zusammen, wohnten aber wieder jeder in einer eigenen Wohnung. Das funktionierte wunderbar.

Leider ist diese finanzielle Doppelbelastung nicht jedem Paar möglich. Aber man kann das Problem auch anders lösen, indem man lernt, davon Abstand zu nehmen, dass die Dinge so gemacht werden müssen, wie man glaubt, dass es sich gehört. Es sind doch nur »Dinge«!

Bei der Gemütlichkeit wird es schwieriger. Man kann keinen Schalter umlegen und sich jetzt plötzlich im sterilen Bereich oder im Chaos wohlfühlen, wenn man anders gepolt ist. Aber man kann sich annähern und voneinander lernen. So profitiert der sehr Ordentliche vom Schlampigen. Mit Disziplin und Liebe kann es sogar gelingen, festgefahrene Positionen zu lockern. Weil wir doch ein gemeinsames Ziel haben: Wir möchten miteinander leben. Das sollte man sich hin und wieder ins Gedächtnis rufen! Und es spricht auch nichts gegen »eigene« Zimmer, wenn der Platz reicht.

In vielen amerikanischen Sitcoms sehen wir die bereits erwähnte Garage als Rückzugsort des Mannes. Ich finde die Idee nicht verkehrt. Wenn die Vorstellungen über Ordnung oder Einrichtung weit auseinandergehen, warum dann nicht die Wohnung aufteilen in gemeinsame Bereiche, für die ein Kompromiss gefunden wird, und Bereiche, in denen jeder macht, was er will, und der andere sich auch konsequent rauszuhalten hat?

Alles Absicht?

Wenn ich mit Frauen über das häufig als ungenügend empfundene Engagement ihrer Männer im Haushalt spreche, fällt über kurz oder lang der Satz »Das macht der doch mit Absicht«. Anders kann sich manche Frau das Verhalten ihres Mannes nicht vorstellen. »Dutzende von Malen habe ich ihm gesagt, dass mich das aufregt, wenn der Tisch voller Krümel ist, aber das geht bei ihm in ein Ohr rein und aus dem anderen wieder raus. Er sagt dann zum Beispiel: ›Das ist doch nur eine Kleinigkeit.‹ Ja, warum ändert er dann nichts, wenn es doch nur eine Kleinigkeit ist? Ich fühle mich dann so ... missachtet, ja, geradezu verarscht. Am schlimmsten ist es, wenn er auch noch fragt, weshalb ich mich über solche Kleinigkeiten aufrege.«

So werden die Krümel immer größer, zu Krumen, Brocken und schließlich Felsen, die eine Beziehung unter sich begraben können. Und das ist auch nachvollziehbar; denn wenn man glaubt, jemand mache etwas mit Absicht, gibt es keine mildernden Umstände. Aber stimmt das denn? Meiner Beobachtung nach unterschätzen wir viel zu oft die Unaufmerksamkeit, die wir Dingen widmen, die uns nicht wichtig sind, egal, ob wir weiblich oder männlich sind. Der Mann mag die Krümel und den Wäschehaufen nicht sehen. Was übersieht die Frau? Sie weiß es nicht, weil sie es ja nicht sieht.

Ein Bekannter erzählte mir, dass seine Freundin ständig alle möglichen Sachen kaputt mache. »Ich komm mit dem Reparieren kaum mehr hinterher.« Mit dem Auto war sie weitergefahren, obwohl mehrere rote Leuchten am Armaturenbrett blinkten. Bei seinem E-Bike hatte sie den Handbremsgriff verbogen, weil sie angeblich nicht gesehen hatte, dass sich ein Steinchen verkantet hatte. An seinem neuen tollen Rucksack hatte sie eine Schnalle verloren, obwohl sie beim Schließen hätte bemerken können, dass die nur noch an einer Seite befestigt war. Unzählige Küchengerätschaften hatte die zierliche Freundin durch falsche Bedienung – drehen statt drücken, ziehen statt pressen und so weiter – demoliert. »So was sieht man doch!«, eiferte er sich. Klar, er würde es sehen, aber für sie waren das sozusagen Krümel auf dem Tisch. Sie machte nichts mit Absicht kaputt, um ihn zu ärgern. Die Sachen waren nicht wichtig für sie, sie behandelte sie achtlos und zugegebenermaßen mit wenig Sachverstand. So wie Männer es fertigbringen, schon mal in der Waschmaschine ihren Lieblingspulli zum Schrumpfen zu bringen.

Ich rate Paaren, eine Liste zu schreiben, jeder für sich, von Streitpunkten, die nicht verhandelbar sind. So was wie Klobürste benutzen oder keine Brösel im Bett. Als Nächstes: Wo kann man ein Auge zudrücken im Sinne von »Es muss zwar gemacht werden, aber nicht sofort«? Allein diese Liste zu verfassen, bringt schon viele Erkenntnisse! Nach drei Monaten kann man ja eine weitere schreiben. Vielleicht hat sich was verändert. Oft ist es so. Denn was wir schwarz auf weiß festgehalten haben, können wir nicht mehr so einfach übersehen. Übrigens macht das Spaß! Man lernt sich noch mal ganz neu kennen ...

Klappt es trotzdem nicht: Sprich das Reizthema nie in dem Moment an, in dem du dich darüber ärgerst. Es sei denn, du willst Streit, also so richtig schönen Beziehungsstress: vom Hölzchen aufs Stöckchen, von einem Kleinscheiß zum nächsten. Du wirst vermutlich ohnehin monologisieren, denn bei Haushaltsthemen verwandeln sich Männer wie bei Gefühlszeugs schwuppdiwupp in Austern. Und die reden nicht.

Was sollen sie auch sagen? Sie wissen ja, dass es für sie nichts zu holen gibt. Sie können nicht gewinnen. Also halten sie die Klappe und hoffen, dass du bald fertig bist. Was dich noch mehr aufregt. Sprich das Thema nur in einem entspannten Moment an, ich kann das gar nicht oft genug betonen. Aus Erfahrung weiß ich, dass man das in der Hitze des Gefechts leicht vergisst.

Und bitte auch nur dieses Thema. Fang nicht bei den Socken vor dem Bett an. Über den nicht gemähten Rasen und die schmutzigen Fenster bis zu dem seit Wochen (!) defekten Türgriff. Eine Sache. Bleib dabei, auch wenn es schwerfällt, weil du vielleicht eine ganze Liste aufzählen könntest. Und fall nicht mit dem kaputten Türgriff ins Haus, sondern frag ihn in entspanntem Ton: »Schatz, können wir mal bitte über diese eine Sache reden?« Erkläre ihm, warum das ein Problem ist, warum dich das nervt. Ohne Vorwurf. Und ohne Interpretationen dessen, von dem du glaubst, warum er dies und jenes nicht tut. Psychologisiere nicht. Lass seine Mutter aus dem Spiel. Gib ihm Raum. Sodass er eine Chance hat, darüber nachzudenken, sich dazu ins Verhältnis zu setzen. Und es dann, wenn er will, zu verändern. Und wenn er das nicht möchte, dann ist genau dies das eigentliche Thema, über das ihr sprechen solltet. Erst wenn das für euch beide gelöst ist, könnt ihr euch das nächste Problem vornehmen.

Dieses »Recht«, etwas anzusprechen oder Veränderungen einzufordern, gilt übrigens ebenso für ihn. Sei sicher, es gibt auch ein paar Dinge, die ihn an dir stören. Er sagt sie vielleicht nicht oder nicht so nachdrücklich, aber es gibt sie. Stell dir vor, er käme mal mit einer ganzen Liste, in der stünde, was du an dir oder deinem Verhalten verändern solltest. Wie würdest du dich fühlen? Was würde es mit dir machen? Jede Beziehung lebt auch von Ausgewogenheit, von Gleichgewicht, davon, sich und den anderen ernst zu nehmen. Und deshalb, ja, sprich an, was dich stört. Aber achte auf die Dosierung, und gestehe ihm dasselbe Recht zu.

So trainiert ihr, in einer guten Atmosphäre der Zugewandtheit über Bedürfnisse zu sprechen. Das stärkt eure Verbindung und macht euch krisenfest für die Zukunft. Außerdem erinnert ihr euch daran, dass jeder von euch ein individueller Mensch ist. Das wird ja zwischendurch gern mal vergessen. Man nimmt den anderen für selbstverständlich und erwartet, dass er immer verfügbar ist. Platzt vielleicht, ohne anzuklopfen, in sein Zimmer, stellt ihm unhöflich Fragen, wenn er gerade mit etwas anderem beschäftigt ist, und so weiter.

Und weil er immer da ist, beginnt man, den Partner zu übersehen. Irgendwann scheint er zum Mobiliar zu gehören. Die Abende und Wochenenden verlaufen gleichförmig, es wird ein bisschen langweilig. Dem kann man dadurch vorbeugen, dass man sich, auch wenn man zusammenwohnt, gezielt verabredet: »Heute um acht? Dann machen wir was Schönes.«

Einen Abendspaziergang, Urlaubsfotos anschauen, Backgammon spielen, gemeinsam Musik hören, sich eine Massage schenken, was auch immer: »Für-uns-Zeit«.

Abgrenzung

Abgrenzung ist genauso wichtig wie die »Für-uns-Zeit«. In diesem Spannungsfeld zwischen Nähe und Distanz entfaltet sich eine Beziehung. Stimmt die Dramaturgie, können sich beide Partner ideal entwickeln. Gerade in noch relativ jungen Beziehungen ist das Thema »Abgrenzung« oft akut, weil es als Ausschließen empfunden wird: »Hilfe, er will was ohne mich machen! Stehe ich schon auf der Abschussliste? Ist das der Anfang vom Ende?«

Jeder Mensch ist nicht bloß ein Beziehungspartner, er hat ein eigenes Leben, und das ist auch richtig und gesund. Am Anfang einer Beziehung kann diese Tatsache ein wenig in Vergessenheit geraten, genauso wie es eine Illusion ist, dass ein Mensch alle Bedürfnisse eines anderen vollkommen stillen kann. Wer das erwartet, wird unweigerlich enttäuscht. Deshalb sollten wir früh damit beginnen, auch in einer frischen Liebe noch etwas ohne den neuen Partner zu unternehmen.

Manchmal haben (eher) Frauen die Idealvorstellung von einer geradezu symbiotischen Beziehung: Alles soll gemeinsam gemacht und zu zweit entschieden werden. Was dabei auf der Strecke bleibt, ist die Andersartigkeit des anderen, die ja auch eine Bereicherung sein kann. Na klar ist das anstrengend, wenn das Verhalten oder die Sichtweise des Partners meine Wahrnehmung infrage stellt. Aber genau das hält eine Beziehung letztlich lebendig. Denn ihre Basis wird aus dem Gleichklang, aus der gemeinsamen Schnittmenge, gebildet. Sie wirkt stabilisierend, und die Unterschiede lassen die Beziehung spannend, lebendig und interessant bleiben.

Dies zuzulassen, bedeutet auch, gut mit Grenzen umgehen zu können. Wenn ein Partner Grenzen zieht, heißt dies ja nicht, dass er seine Frau, seinen Mann nicht liebt. Und andersrum genauso wenig. Es bedeutet nur, dass er eben auch noch ein eigenes Leben hat, und das ist gesund! Wäre es nicht so, würde die Beziehung rasend schnell in die Abhängigkeit kippen. Abhängigkeit ist ein Mangelgefühl, es ist das eine Bein, auf dem man mehr schlecht als recht herumhüpft. Hüpfen macht jede Beziehung auf Dauer extrem instabil. Manchmal fällt es Frauen vielleicht etwas schwerer, eine Abgrenzung des Mannes als das zu verstehen, was sie ist, zum Beispiel ein Bedürfnis nach entspanntem »Ichsein«.

In früheren Beziehungen, also vor vierzig, fünfzig, hundert Jahren, war das anders. Da war Abgrenzung gefährlich, weil die Frau dem gesellschaftlichen Konsens gemäß vom Mann abhängig war. Da sie das wusste, hatte sie das dringende Bestreben, dem Mann alles so recht wie möglich zu machen. Ihre eigenen Bedürfnisse waren nicht wichtig, die Frau als eigenständiges Wesen, die gab es kaum. Erst war sie in ihrer Familie als Tochter abhängig, dann in der Ehe von ihrem Mann.

Manche Frauen von heute, die zum Beispiel aus Herkunftsfamilien kommen, in denen ein solches Rollenmodell noch vorherrschend gelebt wurde oder wird, kämpfen sehr mit diesem Erbe. Einerseits wollen sie als sie selbst, als moderne Frau, wahrgenommen werden, ziehen also starke Grenzen und betonen ihre Unabhängigkeit nach außen. Nach innen, in ihren Beziehungen, leben sie andererseits das Gegenteil, wollen keine Grenzen, sondern die Symbiose mit dem Partner, klammern und sind extrem unsicher und mutieren manchmal sogar zum »Heimchen am Herd«. Der Clash der Frauengenerationen in einer Person.

Und manchmal geht es in meinen Coachings dann um die Erkenntnis und die Erlaubnis, dass sie sich aus dem tradierten Rollenbild lösen dürfen, ohne dabei etwas zu verlieren. Klammern stabilisiert keine Beziehung. Ein Mann, dem verboten wird, seine Grenzen zu setzen, der ist dann irgendwann kein Mann mehr, sondern ein Pantoffelheld – und den will die moderne Frau ja auch nicht haben, oder? Genauso wie ein moderner Mann sich kein Heimchen am Herd wünscht.

DREI FRAGEN, DIE DICH WEITERBRINGEN

- Was brauchst du, um dich in der Beziehung sicher zu fühlen?
- Ist dein Partner wirklich dafür verantwortlich, dir das vollumfänglich zu geben?
- Welche Gedanken könnten dir helfen, seine Grenzen besser zu akzeptieren?

Ich brauche dich!

Es kommt sehr oft vor, dass Menschen in Beziehungen das Gefühl haben, nicht ohne »ihre bessere Hälfte« sein zu können. Dies ist ein Anzeichen dafür, dass die Beziehung nicht auf Augenhöhe stattfindet und/oder weitere Hinderungsgründe das große Ganze boykottieren. Die Partner sollten sich nicht halbieren in zwei Hälften, sondern zwei Kreise bleiben, die eine Schnittmenge bilden. Bei dem einen Paar nimmt sie mehr Raum ein, beim anderen weniger. Eine gesunde Beziehung ist somit ein Zuwachs, es gibt drei Räume: ich und ich und wir.

Welche Überzeugung steckt dahinter, wenn jemand glaubt, den anderen zu brauchen? Was ist der Nutzen, den es ja geben muss? Auch wenn er im Widerspruch zum Idealbild von freier und selbstbestimmter Liebe stehen mag und Abhängigkeit mit ins Spiel bringt. Nichts tötet die Liebe so sicher wie Abhängigkeit. Wer abhängig ist, kann nicht aus freien Stücken Ja zu einem anderen Menschen sagen, sondern ist dazu gezwungen. Deshalb ist es so wichtig, die eigenen inneren Motive zu kennen.

Ich brauche …
Zum Beispiel dringend einen Schluck Wasser.
Ich brauche Hilfe.
Brauchen bedeutet oft, angewiesen zu sein. Deshalb schmeichelt es auch manchmal, wenn der Partner sagt: »Ich brauche dich.« Es macht den anderen wichtig, ja, vielleicht sogar lebensnotwendig. Doch bei genauerer Betrachtung ist die Schmeichelei eine geschmiedete Kette. Wenn du mich brauchst, kann ich ja nirgendwohin, nicht tun, was ich will, es könnte doch sein, dass du mich brauchst – und dann? Bin ich schuld, wenn es dir dann schlecht geht?
Wie kannst du von Schuld sprechen, wenn es doch um Liebe geht?
Wenn man sich liebt, ist es ganz normal, dass man sich braucht.
Willst du vielleicht nicht, dass ich dich brauche? Willst du, dass du mir egal bist? Bin ich dir egal?

Miss Brauch

Eine Beziehung nur auf ein Brauchen zu gründen, offenbart ihre Unreife und eine emotionale Schieflage. Wenn Miss Brauch braucht, ist sie emotional vielleicht noch nicht erwachsen. Am besten, wir schicken sie mal eine Runde shoppen. Es dauert nicht lange, da sieht sie etwas in einem Schaufenster. Spontan denkt sie: »Den brauch ich!« Zur Verkäuferin im Laden sagt sie: »Den muss ich haben. Das habe ich sofort gewusst.« Vielleicht macht sie auch ein Späßchen: »Ohne den kann ich nicht mehr leben.«

Es gehen ein paar Tage, Wochen oder Monate ins Land, bis sie denkt: Eigentlich hätte ich den gar nicht gebraucht.

Ein Mann ist kein Pullover. Doch es kann erhellend sein, eine Beziehung, in der das Brauchen eine Rolle spielt, wie einen Pullover zu betrachten. Brauche ich sie wirklich – und wenn ja, wozu? Wahre Liebe kann es ja eigentlich nicht sein, wenn es um die Ware, wenn es lediglich ums Brauchen geht. Das klingt hart, ich weiß. Aber ich möchte dir ein paar andere Perspektiven anbieten, warum die Dinge so sein könnten, wie sie sind. Leider ist das manchmal gar nicht so einfach herauszufinden, denn sie sind verkleidet – nicht, um uns zu ärgern, sondern aus einer guten Absicht heraus, die sich unbedingt in unser Leben schmuggeln will. Aber mit Klamotten kennen wir Frauen uns doch aus, oder? Steht dir das wirklich, oder versuchst du, etwas zu kaschieren, was keiner sehen soll?

Die gute Absicht

Stell dir vor, es gäbe einen Teil in dir, der sich Sorgen um dich macht. Du könntest zum Beispiel mal aus Versehen eine Treppe runterfallen. Aus diesem Grund packt dieser Teil dir, ohne dass du es merkst, ein aufblasbares Sprungtuch ins Gepäck. Das hast du immer dabei, auch wenn du es gar nicht weißt und es eigentlich ganz schön schwer ist. Du bist gewöhnt, es immer mit dir herumzutragen, es fällt dir gar nicht auf. Der Teil wiederum, der dich gut behütet wissen will, ist nun beruhigt. Es kann nichts passieren. Seine gute Absicht ist perfekt getarnt verstaut, denn er will dich ja nicht bloßstellen. Packen wir sie mal aus.

Bei jedem Verhalten, das wir an den Tag legen, bei jedem Wunsch an andere oder auch im Streit mit anderen und im Zwiegespräch mit uns selbst werden wir von einer guten Absicht geleitet, die uns helfen will. Die Geschichte ist nicht beendet damit, dass man feststellt: Ich brauche dich. Mit dieser Erkenntnis fängt eine neue Geschichte an, und sie trägt immer die Überschrift »Die gute Absicht«. Der eben vorgestellte Persönlichkeitsanteil mit dem Sprungtuch – und jeder von uns hat solche Anteile – möchte, dass es uns gut geht. Er möcht uns schützen. Er weiß aber auch, dass es für uns schwierig ist, im Meeting zu sagen: »Also, ich leg jetzt hier mal mein Sprungtuch auf den Konferenztisch, es könnte ja sein, dass was passiert.« Der schützende Teil möchte es uns so einfach wie möglich machen, indem er seinen Schutz so tricky wie möglich versteckt, tief in unserem Unterbewusstsein.

Sehr oft ist dieser Teil von Ängsten angetrieben. Ängste sind aber nicht sexy. Wer gibt schon gern zu, Angst zu haben; darüber hinaus kann man ja vor so vielen Lappalien Angst haben. Und sich schämen, meine Güte, ist mir das peinlich. Das darf keiner merken, dass es mir so unangenehm ist, zum Beispiel vor anderen zu reden oder für andere zu kochen oder vorm Überholen auf der Autobahn. Deshalb ist man irgendwann vielleicht strikt gegen Autobahnen im Allgemeinen und Besonderen: Warum haben wir noch immer kein Tempolimit! Man steht sogar mit weißer Weste da: Ich setze mich für eine gesunde Umwelt ein. Ziel erreicht? Ja, so könnte man es sagen, aber dieses Ziel war von Haus aus ein Umweg.

Wenn uns das bewusst ist, trauen wir uns vielleicht mal, einen neuen Weg auszuprobieren. Denn sonst könnte es sein, dass wir eines Tages feststellen, unser Leben aus Umwegen zusammengestückelt zu haben, um gewisse Situationen zu vermeiden. Wir haben uns irgendwie durchgeschlängelt, was meistens sehr viel Energie und Zeit kostet. Wir haben das für normal gehalten, wir haben uns daran gewöhnt. Es war allemal besser, als uns selbst und vor anderen einzugestehen, dass wir vor diesem oder jenem Angst haben. Denn wir glauben ja zu wissen, was wir dann hören würden: »Davor brauchst du doch keine Angst zu haben.« Wir würden uns unwohl, vielleicht sogar enttarnt oder in die Ecke gedrängt fühlen und Achtung von den anderen verlieren. Das alles weiß der Teil in uns, der es gut meint. Die gute Absicht leitet uns um ein Problem herum, das sie als unabänderlich betrachtet. Hier jedoch irrt die gute Absicht, wenngleich ihre Schutzfunktion prinzipiell ein großes Geschenk für uns ist. Doch auf dem Weg von der Miss Brauch zur Mrs. Bauch, die eine gute Verbindung zu ihrer Intuition aufgebaut hat, lernen wir, zu erkennen, ob ein Verhalten angemessen ist.

Und wenn man dann merkt, dass hinter alldem zum Beispiel die Angst steht, einsam zu sein, wirft das ein ganz neues Licht auf einen selbst und die Beziehungen, die man pflegt. Die Angst vor dem Alleinsein kann so stark sein, dass Menschen Beziehungen aufrechterhalten, die ihnen nicht guttun. Doch das erscheint noch immer besser, als allein zu sein. Je größer die Angst ist, umso mehr wird geklammert. Der Partner soll immer da sein, nirgends allein hingehen, alles soll gemeinsam unternommen werden. Und die Lösung liegt dann nicht (nur) in langen Beziehungsgesprächen über Vertrauen, Sicherheit und Geborgenheit, sondern dann wird es Zeit, sich die gute Absicht mal vorzunehmen: Wie kann ich dieses innere Bedürfnis nach Sicherheit und Geborgenheit befriedigen, ohne meinen Partner dafür verantwortlich zu machen?

Du bist wohl ziemlich eifersüchtig?
Ei-fer-süch-tig? Ich? Nein! Nie im Leben. Ich bin halt so gern mit dir zusammen, weil ich dich liebe!

Herkömmliche Klammerspiele mit den dazugehörigen Eifersüchteleien können eine Weile einigermaßen gut gehen, doch ein psychisch gesunder Partner, eine psychisch gesunde Partnerin ist irgendwann genervt und reagiert auch so, was den von Angst gebeutelten Klammergriff erst recht befeuert. Je nach Kondition der

Mitspieler kann eine solche Klammerei auch länger ausgehalten werden. Vor allem wenn jemand sich von den Eifersuchtsanfällen gebauchpinselt fühlt:»Wie muss er mich lieben!« Nein, sorry, er liebt dich nicht, er hat Angst vor einem Verlust. Und wenn dem Klammernden das hin und wieder selbst klar wird, fühlt sich das entsetzlich an. Eifersucht schrumpft den Selbstwert, was nicht selten mit großen Auftritten zu vertuschen versucht wird. Man will beweisen, dass man recht hat, führt abstruse Gründe an:»Eine verheiratete Frau streunt nachts nicht durch die Stadt.« Oder heuchelt Sorge:»Es hätte etwas passieren können, ich habe die ganze Nacht kein Auge zugetan.«

Eifersüchtige neigen zu einer Verschärfung ihrer Kontrollmaßnahmen, wenn sie glauben, sie hätten Grund zur Eifersucht, wobei Eifersüchtige den immer haben. Doch es ist keine Lösung, eifrig immer fester zu greifen. Die Lösung liegt im Loslassen. Den Mut zu finden, die angebliche Liebe oder Sorge oder was auch immer von der Angst zu schälen und sich mit ihr zu befassen und zu forschen: Woher kommt meine Unsicherheit? Hat sie heute noch eine Berechtigung, oder schleppe ich da etwas seit meiner Kindheit mit mir herum, was ich heute gar nicht mehr brauche? Dabei sollten wir nie vergessen, dass die gute Absicht solcher Ängste uns schützen will. In diesem Fall vor dem Alleinsein.

Blöderweise kennt die Angst oft kein Maß und ist sehr trickreich darin, die eigentlich gute Absicht hinter der Eifersucht, »Wunsch nach Bestätigung und dem Gefühl von Sicherheit«, geradezu monströs auszuweiten und jeden Bezug zum Tatsächlichen zu verlieren. Und dann behauptet die Angst vor dem Verlust gleich ganz viel unsinniges Zeug, zum Beispiel:»Wenn er dich verlässt, wirst du einsam, hilflos, ausgeliefert sein und überhaupt nie, nie, nie wieder glücklich.« Kein Wunder, dass das die Eifersucht noch mehr befeuert.

Als Feuerlöscher hilft hier ein kleiner Realitätscheck. Ich frage Klientinnen dann ganz gern, wie sie es überhaupt geschafft haben, je *ohne* diesen Menschen zu leben, wenn das jetzt ganz sicher nicht mehr funktionieren würde. Denn es gab ja ein Leben davor, vor diesem Partner. Oder was wäre, wenn der Partner plötzlich sterben würde – so was kommt vor –, ob sie das dann auch glauben würden. Und interessanterweise lautet die Antwort nach einigem Nachdenken oft: Nein.

Das zeigt deutlich, dass es beim Brauchen gar nicht explizit um diese Person geht, sondern um die Angst, nicht liebenswert zu sein. Und dann schauen wir uns diese Angst an und lockern allmählich die Eisenkette um den Hals.

Klammern macht klamm

Klammern kann man auf viele unterschiedliche Arten, und die Klammern können richtig gut aussehen – wie Zahnklammern mit Brillanten drauf. Jemand kann Geld verleihen. Wie wahnsinnig nett von ihm! Ja, das ist es, vor allem zu diesem niedrigen oder zu gar keinem Zinssatz. Doch so eine Leihgabe ist natürlich eine Verbindung, eine verpflichtende Klammer. Wie eine gemeinsame Investition: Lass uns zusammen ein Haus kaufen. Auch das bindet. Bei so einer Verbindlichkeit kann der andere nicht einfach die Fliege machen. Wie auch bei Schwangerschaften. Es kommt immer wieder vor, dass ein dringender Kinderwunsch aufploppt, wenn eine Beziehung vor dem Aus steht. In Coachings habe ich schon öfter gehört, dass jemand gesagt hat: »Ich bin auf die Welt gekommen, um die Beziehung meiner Eltern zu retten.« Was für eine Hypothek auf einem nigelnagelneuen Leben ...

Das Spannende an unseren Ängsten ist, wie gut sie sich tarnen können, ja, wie gut wir selbst sie tarnen, wenn wir merken, dass wir auf direktem oder indirektem Weg nicht ans Ziel kommen. Dann wird die Trickkiste geöffnet. »Ich brauche dich« kann wunderbar versteckt werden, wenn es gelingt, sich beim anderen unentbehrlich zu machen.

Ich brauche dich, aber das sollst du nicht merken.
Also setze ich alles daran, dass du mich brauchst.
Dann bleibst du bei mir, weil du mich brauchst.

Und *bähm* – der Partner sitzt in der Falle. Aber du eben auch. Diesen Mechanismus finden wir nicht nur in Paarbeziehungen, sondern überall. Auch bei Betty. Die ist immer so unkompliziert und locker. Man ist einfach gern mit ihr zusammen. Wenn man ein Problem hat, kann man sie anrufen, egal, zu welcher Uhrzeit. Betty würde einen auch mitten in der Nacht im Winter irgendwo abholen, wenn man eine Autopanne hat. Sie ist ein dienstbarer Geist, der keine Ansprüche stellt, anderen aber viele Wünsche erfüllt. Solche Menschen erhalten viel Wertschätzung, weil das Zusammensein mit ihnen so angenehm ist.

Wer käme auf die Idee, dass Betty andere braucht? Ihre Angst vor dem Alleinsein hat sie ganz wunderbar versteckt, indem sie sich selbst für ihre Mitmenschen unverzichtbar zu machen versucht. Es ist eine paradoxe Strategie: Ich sorge dafür, dass ich gebraucht werde, damit niemand merkt, dass ich den anderen brauche. Und noch ein bisschen genauer hingeschaut, erkennt man, dass sich hinter dem »Sich-unentbehrlich-Machen« zum Beispiel auch oft die Angst versteckt, nicht liebenswert zu sein: »Wie, jemand könnte mich, Betty, einfach so mögen? Ohne Gegenleistung? Das kann nicht sein!« Bettys tiefste Überzeugung ist, sie könne für sich allein genommen nicht bestehen, habe nichts zu bieten, sei langweilig, nutzlos, all so was. Was für eine K.-o.-Erklärung an den eigenen Selbstwert, nicht wahr? Und wenn man Betty schon nicht einfach so mögen kann (ihre Überzeugung), dann muss sie doch wenigstens nützlich sein (auch ihre Überzeugung). Und so hat sie sich zu einem allzeit dienstbaren guten Geist ohne Ansprüche entwickelt. Das lindert zwar die Symptome, die Unsicherheit im Innern bleibt jedoch bestehen.

Diese innere Dienstbarkeit ist aber kein alleiniges Frauenphänomen. Wie oft hat Daniel im Job den Kollegen schon angeboten: »Geht nur nach Hause, ich bleibe da und kümmere mich um das Problem«?

Supernett von Daniel! Da übersieht man doch gern, dass ihm so viele Flüchtigkeitsfehler unterlaufen. Vielleicht ist er aber auch top in seinem Job, hat jedoch das Gefühl, ständig beweisen zu müssen, dass er unabkömmlich ist. Jedes Verhalten hat einen Grund.

Es ist faszinierend, sich selbst auf die Schliche zu kommen! So lernt man sich zunehmend besser kennen und erreicht immer mehr Wahlfreiheit. Denn darum geht es am Ende. Nicht Sklave seiner Automatismen und Ängste zu sein, sondern ein selbstbestimmtes, bewusstes Leben zu führen. Vollständig wird das vielleicht nie gelingen, dazu ist unsere Psyche zu komplex. Doch je mehr Licht wir ins Dunkel bringen, desto mehr Lebensqualität erobern wir uns. Denn so ausgefeilt die Strategie der Vertuschung auch sein mag, sie ist auf Dauer enorm anstrengend, weil man sich ja immer ein Stück weit verstellen muss, auch wenn man das gar nicht bewusst merkt. Man lebt permanent gegen einen inneren Widerstand. Eigene Wünsche und Bedürfnisse werden hintangestellt. Es gibt einen selbst gar nicht richtig. Wichtiger sind die anderen – und ihnen zu Diensten zu sein.

Wenn die Angst schwer im Magen liegt

Natalie ist frisch verknallt. In Marc. Sie haben sich zum Dinner verabredet, und Marc hat einen netten Griechen um die Ecke vorgeschlagen. Natalie verträgt Knoblauch nicht so gut, und griechisches Essen ohne Knoblauch, das gibt es so gut wie nicht. Und Natalie weiß genau, wenn sie Knoblauch isst, wird sie das mit einer schlaflosen Nacht bezahlen, mit einem Gefühl von Steinen im Bauch. Viel lieber würde sie deshalb italienisch oder japanisch essen gehen. Doch Marc hat ihr so von dem Restaurant vorgeschwärmt, und sie will ihn nicht enttäuschen und nicht »schwierig« sein. Da scheint ihr das nächtliche Bauchweh weit weniger schlimm als das Risiko, ihr eigenes Bedürfnis zu äußern. Denn das ist an die Angst gekoppelt, auf Ablehnung zu stoßen. »Dann hält Marc mich für wohl egoistisch und anmaßend«, sagt Natalie zu mir. Ich frage sie, ob sie ihrerseits Marc für anmaßend und egoistisch hält, weil er griechisch essen möchte.

»Nein«, sagt sie.

»Aha«, sage ich, »wenn Marc also einen Vorschlag macht, ist das okay, wenn du einen machst, aber nicht?«

»Genau.«

Natalie hat eine innere Logik, die ihr sagt, dass sie keine Wünsche äußern darf, weil sie dann als schwierig gilt. Und wenn sie als schwierig gilt, wird sie abgelehnt. Dass sie Marc mit ihrem Verhalten die Chance nimmt, sie wirklich kennenzulernen, kann sich Natalie nicht vorstellen. Auch nicht, dass Marc vielleicht durchaus gern mit ihr in ein anderes Restaurant gehen würde, weil er natürlich nicht will, dass sie Magenschmerzen bekommt.

Das alles blendet die Angst aus in der Sorge, nicht nett, entspannt, unkompliziert oder liebenswert zu sein. Angst trennt uns von uns selbst, von unseren Bedürfnissen. Irgendwann spürt man gar nicht mehr, was gut für einen selbst ist. Man tut nur noch, was man glaubt, dass man tun soll. Doch der Krug geht so lange zum Brunnen, bis er bricht. Denn das kann auf Dauer auch krank machen. Und manchmal führt es dazu, dass Menschen wie Natalie sich Hilfe suchen und lernen müssen, ihre eigenen Bedürfnisse ernst zu nehmen. Auch in Beziehungen und sogar, wenn die Angst da ist, dass die Beziehung daran vielleicht scheitert.

Aber andererseits: Ist es nicht genau das, was unsere Partner, Freunde oder Angehörigen freuen sollte, wenn wir selbst umsichtig für uns sorgen, damit es uns gut geht? Warum vergessen wir das immer wieder? Weil wir es nicht glauben können? Und ja: Es mag anfangs unbequem für die anderen sein, wenn Natalie anfängt, für sich einzustehen, oder wenn Betty nachts nicht ans Telefon geht oder keinen ihrer berühmten Kuchen für eine Geburtstagsparty backt. Vielleicht gibt es auch einen kleinen Stich: »Mag Betty mich nicht mehr?«

Wie schnell sich das Blatt wendet! Letztlich wird Betty in unserer Achtung steigen: »Toll, was sie geschafft hat!« Es ist eine große Leistung, die Mechanismen der Angst zu durchschauen und zu durchbrechen. Und es lohnt sich über die Maßen, denn die wichtigste Verbindung in unserem Leben ist die zu uns selbst. Tief in uns wissen wir das. Deshalb ist es ja so schmerzhaft, wenn wir diesem Ruf nicht folgen. Wir sehnen uns danach, um unserer selbst willen geliebt und gebraucht zu werden, nicht, weil wir nett zu anderen sind und ihre Bedürfnisse erfüllen, was natürlich total praktisch für die anderen ist. Wollen wir praktisch sein?

Nein, wir möchten gesehen werden als die, die wir sind. Dazu brauchen (!) wir aber den Mut, uns zu zeigen! Wir gewinnen ihn im Kampf zwischen unserer Sehnsucht, wahrgenommen zu werden, wie wir wirklich sind, und unserer Angst, abgelehnt zu werden. Eine solche Veränderung hat Auswirkungen auf unser Umfeld. Es kann sein, dass sie zuerst boykottiert wird. Wir sind jetzt nämlich nicht mehr bequem und handhabbar für die anderen. Vielleicht lässt uns der Widerstand der anderen zweifeln. Doch da ist auch dieses neue Gefühl, eine Stimme in unserem Inneren, die uns motiviert: »Weiter so! Du bist auf dem richtigen Weg.« Und irgendwann werden wir vielleicht zum Vorbild für andere. Weil wir uns von alten Mustern verabschiedet haben und vielleicht auch von manchen Beziehungen, die nicht mehr zu uns passen, so, wie wir wirklich sind. Auf einmal ist der Gedanke an eine Trennung nicht mehr unmöglich, mit weniger Angst behaftet. Man will das alte Spiel nicht mehr spielen, seine Zeit ist abgelaufen; jetzt soll was Neues beginnen.

Doch dafür braucht es Geduld. Denn die Mechanismen verstanden und das Ticket für die Zukunft gelöst zu haben, heißt nicht, dass es jetzt gleich mit Lichtgeschwindigkeit losgeht. Unser Verhalten können wir leider nicht wechseln wie zu enge Schuhe, die man einfach abstreifen würde. Eine Nummer größer oder barfuß und weiter. Unsere Psyche ist ein bisschen behäbig. Die will sich nicht so schnell ändern, weil diese Strategie, die sie etabliert hat – also der dienstbare Geist für andere zu sein, um Anerkennung zu bekommen und gebraucht zu werden, um nicht allein zu sein –, hat in der Vergangenheit ja ganz prima geklappt. Das heißt, sie ist zu einer Gewohnheit geworden.

Gewohnheiten zu verändern, dauert, das wissen wir alle; und es klappt oft am besten in kleinen Schritten. Wer zu viel auf einmal erwartet, fällt zurück und verliert dabei vielleicht die Motivation, noch einmal neu anzusetzen. Also lieber mit Bedacht und mit einem langen Atem starten. Jede Gelegenheit nutzen, in der man das neue Verhalten trainieren kann. Zum Beispiel an der Supermarktkasse, als der Mann fragt, ob du ihn vorlässt. Er hat ja nur drei Teile und du fünf.

»Nein«, sagst du. Kannst es selbst vielleicht nicht glauben, weil du doch immer Ja sagst, weil man doch nett zueinander sein soll und weil das doch nichts ausmacht, wenn du deine U-Bahn verpasst.

Wow! Du hast Nein gesagt. Und was passiert? Nichts? Die Kontinentalplatten haben sich nicht verschoben, nirgends ist ein Vulkan ausgebrochen.

Weiter so!

Berg-und-Tal-Fahrt

Eine Klientin »musste« Jahr für Jahr den Sommerurlaub in den Bergen verbringen, denn ihr Mann liebte das Wandern. Sie hingegen hätte es bevorzugt, so richtig schön faul am Strand zu liegen. Aber das traute sie sich nie einzufordern. War ja auch irgendwie nicht so sexy, nur rumliegen. Ein einziges Mal hatte sie versucht, ihrem Mann das Meer schmackhaft zu machen. Er sah sie daraufhin an, als hätte sie von ihm verlangt, lebende Quallen zu schlucken. Also dann doch wieder Tirol. Und er hatte ja recht. Die Luft in den Bergen war auch herrlich frisch, und ach ja, das Alpenpanorama.

Leider konnte sie es nicht genießen, denn in jedem Urlaub hatte sie Pech. Einmal plagten sie Kopfschmerzen, dann zog sie sich einen Hexenschuss zu, erkältete sich, sodass ihr Mann allein wanderte. Immer war irgendwas, und das machte beide unzufrieden.

»Ich bin wirklich sehr gern mit meinem Mann zusammen«, sagte sie. »Aber bitte nicht in Tirol. Andererseits will ich ihm das nicht madig machen. Er ist so glücklich dort. Er fängt schon an zu strahlen, wenn er seinen Wanderrucksack packt.«

Ich fragte sie, ob ihre erstaunliche Sammlung an »Tirol-Erkrankungen« ihrem Mann den Urlaub nicht zufällig doch etwas vergällen würde? Quasi die geheime Rache dafür, dass es nicht an den Strand ging? Das machte sie nachdenklich.

Nun stand der nächste Urlaub bevor, und diesmal wollte meine Klientin unbedingt ans Meer. Im Coaching übte sie die Sätze, die sie sagen wollte. Merkte dann, wie enttäuscht sie wäre, wenn es auch diesmal nicht klappte. Ein Plan B musste her: Strandurlaub mit einer Freundin. Leider dann ohne Mann, aber an die See. Mit dieser Alternative konnte sie ruhig und klar ihren Wunsch äußern. Hatte sie dabei Angst vor Zurückweisung? Ja, hatte sie. Aber sie zog es trotzdem durch.

Nur so verändern wir etwas in unserem Leben, wenn wir bewusst gegen unsere Angst arbeiten, die bei dieser Klientin in Sachen Zurückweisung sehr ausgeprägt war.

Die Psychologin Phillippa Lally fand in einem Experiment heraus, dass es durchschnittlich 66 Tage dauert, um ein Verhalten zu verändern, und zwar im Kleinen. Eine Gewohnheit, eine Routine, nichts Über-, aber Forderndes. 66 Tage, an denen man jeden Tag das neue Verhalten übt. Und das kann alles sein. Routine hilft uns immens, wenn wir uns verändern wollen. Einfach schon deshalb, weil unser Hirn ziemlich faul ist. Das will nicht jeden Tag das Rad neu erfinden, einmal muss reichen, und dann auf zum nächsten. Aber bis das Rad rund ist, braucht es halt seine 66 Tage. Und wenn mich eine Klientin dann mit großen Augen anschaut und meint, so einfach könne die Lösung doch nicht sein, dann sage ich: »Vielleicht nicht für jedes Problem, aber es ist ein guter Trainingsstart.«

Die Alternative wäre: »Lass alles, wie es ist, betrachte das Problem nur weiter von allen Seiten, tu nichts, und warte auf ein Wunder. Das ist völlig okay, auch wenn ich glaube, dass deine Erfolgsaussichten dabei gering sind. Andererseits: Wunder gibt es!«

Bollwerk gegen die Einsamkeit

Auch Alexandra hoffte auf ein Wunder. Sie führte seit fast zehn Jahren eine Beziehung mit einem Mann, die noch nie so richtig glücklich gewesen war. »Irgendwie bin ich da reingestolpert und hängen geblieben«, meinte sie. Nun stand eine berufliche Veränderung an, eine große Herausforderung für die Mittfünfzigerin. Dazu musste sie aber umziehen. Mit oder ohne ihn? Wäre dieser Jobwechsel vielleicht die ideale Gelegenheit, auch privat durchzustarten? Zumal ihre Freundinnen sie seit Jahren fragten, warum sie sich nicht von ihrem Partner trenne, der sie kaum wertschätzte, sie nervte, ja, auch noch auf ihre Kosten lebte. Als Yogalehrer verdiente er wenig, was ihn nicht zu belasten schien, da das Universum ihn in dieser Beziehung ja gut versorgte.

Wenn Alexandra mir so etwas erzählte, schüttelte sie selbst den Kopf über sich; aber sie schaffte es einfach nicht, sich von diesem Mann zu trennen. War er so gut im Bett? »Ausreichend bis mangelhaft«, meinte sie.

Um die Wahrheit zu sehen, musste sie eine Seite an sich entdecken, die ihr zuerst nicht gefiel. Gemildert durch die gute Absicht, die dahintersteckte, fiel es ihr dann leichter. Sie erkannte, dass diese Beziehung ihr als Bollwerk gegen Einsamkeit im Alter diente.

»Ich bin Mitte fünfzig«, sagte sie. »Wenn ich mich jetzt von ihm trenne und als Single unterwegs bin, wie soll ich noch mal einen Partner finden? Ich sehe es doch an meinen allein lebenden Freundinnen. Passende Männer sind entweder verheiratet oder haben einen Knall. Oder sie suchen Frauen, die zwanzig Jahre jünger sind als sie. Vielleicht haben die auch noch einen Kinderwunsch.«
Wenn man sich einmal Bekanntschaftsanzeigen durchliest, die es immer noch gibt, sieht man, dass sie recht hat (übrigens ist es auch bei Tinder & Co. ab Ü50 nicht anders). Knapp sechzigjährige Männer suchen mittdreißigjährige Frauen zur Familiengründung; jung gebliebene Achtzigjährige verlangen Bildzuschriften von bis zu Siebzigjährigen.
»Altenpflegerin will ich jedenfalls nicht werden«, sagte Alexandra.

Dennoch war die erwartete Einsamkeit im Alter ihr größtes Schreckgespenst, sogar als ihr klar wurde, dass sie sich in ihrer Beziehung jetzt bereits einsam fühlte. Aber es war immerhin ein Mann da. Allerdings einer, der ihr zunehmend auf die Nerven ging, und es setzte ihr noch mehr zu, dass sie es nicht schaffte, das zu ändern.
»Manchmal graut es mir, wenn ich von der Arbeit nach Hause komme und von der Straße aus Licht sehe. ›Mist, er ist da!‹, denke ich dann.«
Alexandra litt darunter, dass sie aus dieser eindeutigen Gefühlslage keine klaren Konsequenzen ziehen konnte. Aber nach dem Motto »Der Teufel, den man kennt, ist besser als der Teufel, den man nicht kennt« schaffte sie den Absprung nicht.
»Nimmst du dir dadurch, dass du mit ihm zusammen bist, nicht die Chance, andere Männer kennenzulernen?«, fragte ich sie am Ende unseres ersten Gesprächs.

Das stimmte sie sehr nachdenklich, und beim zweiten Gespräch spielten wir den Worst Case durch: Alexandra ganz allein, mutterseelenallein im Alter. Wie so oft, wenn man das Nachdenken über den schlimmstmöglichen Fall nicht an der Türschwelle abbricht, sondern eintritt, war es nicht so furchtbar, wie sie es sich vorgestellt hatte. Da meldete sich die Idee der Alten-WG mit anderen Frauen oder von anderen alternativen Wohnprojekten.

Und dann sagte sie: »Eigentlich ist es sogar schön, wenn ich meine Wohnung für mich habe. Niemand trinkt mir meinen Prosecco weg oder jammert mir die Ohren voll, wenn ich von der Arbeit heimkomme; und ich müsste dann auch nur noch meinen eigenen Dreck wegmachen. Hm.«

»Und dann hättest du Zeit, im Privatleben all das zu machen, was du jetzt nicht kannst?«

»Stimmt. Aber trotzdem ...« Alexandras Angst war schon ziemlich groß, aber sie begann, das Eintreten ihrer Befürchtungen nicht mehr als sichere Prognose zu sehen, sondern als das, was sie waren: ein Hinweis darauf, sich um ihr soziales Netz zu kümmern und Alternativen zu finden.

In der Regel spuken durch jedes Leben ein paar Gespenster, Angst vor dem Alleinsein gehört da zu den Klassikern. Sobald sie am Horizont auftauchen, rennen wir am liebsten weg und verstecken uns. Wenn wir mal stehen bleiben – ja, mit Herzklopfen, aber das beruhigt sich wieder – und sogar den Mut haben, das Gespenst einmal genauer zu betrachten, stellt es sich oft als mit heißer Luft gefülltes weißes Leintuch heraus.

So erlebte es auch Alexandra. Auf einmal war die Vorstellung, im Alter allein zu sein, gar nicht mehr so gruselig für sie. Und das musste sie auch nicht sein. Zudem würde sie ja nicht in die Falle der Altersarmut stolpern, denn sie stand finanziell gut auf eigenen Beinen.

Das war früher oft anders, wenn Frauen wirtschaftlich vollständig von Männern abhängig waren. Er verdiente das Geld, sie kümmerte sich um den Haushalt und die Kinder. Sie hatte gar keine andere Wahl, als bei ihm zu bleiben, egal, zu welchem Griesgram er sich im Alter entwickeln mochte – wobei ich mich auch an eine Frau erinnere, die ihren Mann verließ, als sie 86 und er 94 Jahre alt war. Er hatte über die Jahre immer weniger mit ihr gesprochen und war am Ende fast ganz verstummt. Sie nahm schließlich ihren Mut zusammen und zog sogar zurück in ihre alte Heimatstadt, in der noch ein paar ihrer Freundinnen lebten. Sie meinte: »Meine Zeit ist begrenzt, aber tot bin ich noch nicht. Und bis dahin möchte ich mich nicht schon scheintot fühlen!« Ein mutiges Ehe-Aus nach über siebzig Jahren!

Ich erzählte Alexandra diese Geschichte und fragte sie, ob sie bis 86 warten wolle, um ihre Beziehung zu überdenken. Eine Trennung würde Alexandra, wie sie erkannte, neue Möglichkeiten eröffnen. Ihr Partner wollte zum Beispiel nie ausgehen, sie hingegen war sehr interessiert an Kultur. Doch es kam ihr komisch vor, ohne ihn in die Oper zu gehen. Verwundert stellte sie fest, dass es ihr ohne den Partner leichter fiele, etwas allein zu unternehmen, als wenn sie einen Partner hatte, der sie jedoch nicht begleiten wollte, sondern lieber verknotet zu Hause auf der Yogamatte lag.

Von dort aus kam sie auf einen eventuellen neuen, vermutlich älteren Partner zu sprechen.

»Der könnte dir auch nicht helfen, wenn du mal sehr alt bist und vielleicht in der Dusche stürzt. Der hätte ja gar nicht die Kraft, dir wieder aufzuhelfen.«

Nein, einen geriatrisch zu betreuenden Greis würde sie sich gewiss nicht ins Haus holen. Ein Notknopf, ein Pflegedienst und ein liebevoller und zuverlässiger Freundeskreis waren bessere Voraussetzungen für das letzte Lebensfünftel.

Bei ihrem gedanklichen Ausflug in die ferne Zukunft erkannte sie, wie viel Rücksicht sie auf ihren aktuellen Partner nahm, was man von ihm in der Umkehrhaltung nicht behaupten konnte. Und wie wenig sie von dem verwirklichte, was sie eigentlich gern täte. Das Bollwerk gegen die Einsamkeit wurde zum Hemmschuh der eigenen Lebensqualität.

Doch trotz all dieser Erkenntnisse gelang es Alexandra noch nicht, sich von ihrem Yogalehrer zu trennen. Es lag auch nicht in meiner Absicht, sie dahin zu führen. Es geht immer darum, die eigenen Motive für das Verhalten zu erkennen; dann kann man entscheiden, was man damit macht.

Zweisam einsam

Alexandras Ängste vor der Einsamkeit sind nicht aus der Luft gegriffen. In der Einsamkeit empfindet sich ein Mensch als abgeschnitten, isoliert. Sie höhlt uns auf Dauer aus und bereitet den Boden für psychische Erkrankungen. Das gilt nicht nur für ältere Menschen, auch Jüngere sind zunehmend betroffen. Einsamkeit erhöht das Sterblichkeitsrisiko deutlicher als Übergewicht, Drogenabhängigkeit, Alkohol und Nikotin sowie mangelnde Bewegung. Einsamkeit ist zwar keine Diagnose, doch in ihrer Folge entstehen viele Krankheiten mit häufig tödlichem Ausgang. Für uns Menschen als soziale Wesen mit einem sozialen Gehirn ist Einsamkeit der größte mögliche Stressfaktor. Sie wird im Gehirn wahrgenommen wie körperlicher Schmerz.

Insofern bestand Alexandras Gespenst dann doch nicht *nur* aus heißer Luft, wenngleich sie aktuell Angst vor dem Alleinsein hatte, nicht vor der Einsamkeit. Sie wird oft fälschlicherweise als Synonym für Alleinsein verwendet. Alexandra wollte nicht ohne Mann sein. Freund- und Bekanntschaften hatte sie stets gepflegt, also gut »vorgesorgt«.

Einige Monate hörte ich nichts von Alexandra, dann erreichte mich ein Notruf. Folgendes war geschehen: In einem Streit hatte sie sich tatsächlich von ihrem Partner getrennt, allerdings halbherzig, wie sie meinte. Übersetzt könnte man sagen, sie hatte sich ihren Schutz weggerissen, ohne ihm ein neues Betätigungsfeld anzubieten. Sie war noch nicht wirklich so weit gewesen, was sich darin zeigte, dass sie ihren Ex-Partner eine Woche nach der Trennung bat, wieder zu ihr zu ziehen.

Schon als sie die Bitte ausgesprochen hatte, wusste sie, dass es ein Fehler war. Dennoch flehte sie ihn sogar an, ihr zu verzeihen, wofür sie sich zutiefst schämte. »Da muss noch etwas anderes in mir sein, warum ich solche Panik vor dem Alleinsein habe«, vermutete Alexandra. »Es ist gerade so, als wäre ich ohne Mann unvollständig, als wäre ich dann nichts wert.«

In der nächsten Session suchten wir weiter und wurden schließlich fündig bei den Frauen ihrer Herkunftsfamilie.

Jeder von uns hat ja seine Familiengeschichte, und was da herumwabert, nimmt man mit, oft ohne zu wissen, was es ist. Es war einfach schon immer da, man hat es mit der Muttermilch aufgesogen, und in Alexandras Leben waren der Muttermilch einige Stoffe zugesetzt, die schon ihre Mutter aufgenommen hatte. Unser heutiges, modernes Frauenleben steckt noch in den Kinderschuhen.

Klar, früher waren Frauen auf Männer angewiesen, und das wirtschaftliche Überleben hing von der Ehe ab. Zu dieser gehörte auch eine klare Rollenaufteilung. Dieses Konstrukt wurde durch die Kirche aufrechterhalten. Noch vor fünfzig Jahren galt eine geschiedene Frau als stigmatisiert.

Ich könnte noch viel zu diesem Thema schreiben, möchte es aber hier nur kurz anreißen, um zu zeigen, wie stark diese Einflüsse von gestern und vorgestern unser Leben noch heute bestimmen können. Und gestern ist gar nicht allzu lange her: Bis Ende der Fünfzigerjahre galt das Letztentscheidungsrecht des Ehemannes in allen Eheangelegenheiten. Beruf, Führerschein, Kindererziehung, eigenes Geld und Konto – das Gesetz regelte alles zugunsten des Mannes. Bis 1958 konnte er, wenn es ihm beliebte, den Anstellungsvertrag seiner Frau, die nicht als geschäftsfähig angesehen wurde, nach eigenem Ermessen und ohne ihre Zustimmung fristlos kündigen, In den Sechzigerjahren durfte eine Ehefrau laut Gesetz nur dann erwerbstätig sein, wenn dies mit ihren Pflichten in der Ehe und Familie vereinbar war. Ehemänner konnten ein Veto gegen die Berufstätigkeit ihrer Frauen einlegen. Erst nach 1969 wurde eine verheiratete Frau in der Bundesrepublik Deutschland als voll geschäftsfähig beurteilt. Bis 1976 waren Frauen bei der Eheschließung verpflichtet, den Namen ihres Gatten zu übernehmen, und erst seit Juli 1997 gilt die Vergewaltigung in der Ehe als Straftat statt als Kavaliersdelikt. Wäre das Kräfteverhältnis Mann: Frau wirklich in allen Bereichen auf Augenhöhe, dann bräuchte es keine MeToo-Debatte mehr, und wir würden nicht über den Gender-Pay-Gap sprechen.

Alexandra benötigte vier Sessions, um die Muttermilch gegen einen Cappuccino zu tauschen, als erwachsene Frau die Verantwortung für ihr Leben zu übernehmen und die folgerichtigen

Konsequenzen zu ziehen. Sie trat die neue Stelle an und überließ ihrem nun wirklichen Ex-Partner großzügig die Wohnung, in der er sich weiterhin verknoten konnte, während sie sich entfaltete.

Alexandra hatte gelernt, nicht auf den Verlust zu schauen (»Hilfe, ich habe keinen Mann mehr!«), sondern auf den Gewinn. Sie hatte gelernt, ihr Brauchen zu hinterfragen: Brauche ich diesen Partner wirklich? Welchen Preis bezahle ich dafür, wenn ich an der Überzeugung festhalte, dass ich etwas brauche, dass ich ohne etwas, ohne jemanden nicht leben kann? Nein, im Gegenteil, das war nur ein alter Brauch, der sich überholt hatte.

Was Alexandra bei ihrer ehrlichen Auseinandersetzung mit sich selbst ebenfalls beeindruckte, war die Selbstverständlichkeit, mit der sie »liebe Göttin« gespielt hatte. In ihrer Vorstellung war sie ganz automatisch davon ausgegangen, dass ihr Partner im Alter bei ihr wäre. Aber wie gesagt, es soll vorkommen, dass Partner wegsterben. Sich an einen Partner zu klammern, verschafft diesem kein ewiges Leben. Und dann wäre sie wieder allein gewesen und hätte noch dazu sehr viele Jahre, Jahrzehnte verschwendet an eine Beziehung, die sie nicht glücklich gemacht hätte. Was für eine Gemeinheit, dann machte der einfach die Fliege, und dafür hatte sie so viel aufgegeben, dafür waren ihr so viele Opernarien entgangen ...!

Trennungen sind schmerzhaft. Vor allem dann, wenn man mit diesem anderen Menschen eine gewisse Wegstrecke des Lebens zurückgelegt, vielleicht zusammen Kinder bekommen oder ein Geschäft aufgebaut hat. Wenn der andere Dinge über mich weiß, die ich sonst niemandem erzählt habe, wenn er wie ein Zeitzeuge meines Lebens ist. Ich glaube, dass so etwas viel Gewicht hat.

Gleichzeitig geht das Leben nur vorwärts, es lebt sich nicht zurück. Dennoch kann man es auf zwei Arten gestalten. Ich kann dabei nach vorn gucken oder nach hinten. Wenn ich mich für Letzteres entscheide, werde ich immer am Alten festhalten und viel Schönes und Neues übersehen.

Vor einer Trennung, vor dem Absägen, sollten wir abwägen, innere Bilanz ziehen:
Wofür steht dieser andere Mensch, in welcher Lebensphase war er wichtig für mich?
Gilt das noch immer, oder ist die Phase vorüber?
Was verliere ich, wenn ich mich von ihm trenne? Ist das wirklich so, oder glaube ich das nur?
Wovon nehme ich Abschied, wenn ich diese Beziehung beende?
Was gewinne ich, wenn ich mich vom Partner trenne?

In den seltensten Fällen gehen Paare von jetzt auf gleich auseinander: »Ich hab dich in unserem Bett mit einer anderen erwischt, das war's, ich rede nie mehr mit dir.« Das passiert nur im Film. In der Regel vollzieht sich das über einen gewissen Zeitraum, der auch bei einer abrupten Trennung nötig ist, selbst wenn man sich dann nicht mehr leibhaftig begegnet. Das Entlieben braucht Zeit, so wie das Verlieben Zeit gebraucht hat.

Trennungen haben eine Vorgeschichte, eine akute Phase und ein Nachspiel. Sie laufen auch nicht immer in eine Richtung. Viele Rückschritte können zum Prozess gehören, die sich manchmal verkleiden, wie wir es von den guten Absichten kennen. »Wenn wir getrennt sind, können wir ja gar nicht mehr gemeinsam zu Familienfeiern. Das wäre ganz schrecklich für die Kinder, das kann ich ihnen nicht antun. Wenn ich mir vorstelle, mein Sohn heiratet ohne mich, nein, nein, das geht nicht.«

Und wie wäre es, wenn man das auf der Elternebene trotzdem schaffte? Und falls nicht, dann kommt Mama eben bis 18.00 Uhr zu den Feierlichkeiten und Papa danach?

»Wenn ich mich von ihm trenne, kann ich nicht mehr ins Fitnessstudio, weil wir das doch immer zusammen gemacht haben.« Dann wechsle das Studio.

»Wenn wir getrennt sind, kann ich nicht mehr Tango tanzen.« Dann such dir einen neuen Tanzpartner.

Diese Beispiele ließen sich noch lange weiterführen. Dahinter steckt stets der Wunsch, den Status quo aufrechtzuerhalten. Man baut ein Narrativ auf, um sich davon zu überzeugen, dass doch alles beim Alten bleiben soll, das ist vertraut und sicher.

Und: Das Neue ist vielleicht erst mal mühsam. Neuland ist eine Herausforderung. Wenn man beispielsweise seinen Freundeskreis verliert, weil der sich entscheidet, beim Partner zu bleiben. Das hat oft praktische Gründe, da sollte man mitfühlend und fürsorglich mit sich selbst umgehen, um es zu vermeiden, dass man sich dann auch noch gekränkt fühlt. Und nach vorn schauen: Ich baue mir ein neues Leben auf mit neuen Freunden. Ein paar alte nehme ich bestimmt mit! Es kann auch sein, dass man auf die ollen Kamellen gar keine Lust mehr hat, dass sich manche Freundschaften überlebt haben wie eine Ehe. Sehr hilfreich zur Orientierung ist es, wenn man immer wieder zu den Fragen zurückkehrt: Was glaube ich zu brauchen, stimmt das wirklich, oder folge ich damit nur alten Bräuchen?

Sind immer noch ein paar übrig? Dann schneiden wir denen nun mal den Zopf ab.

Blick in die Zukunft

Wenn ich den Advocatus Diaboli gebe, frage ich meine Klientinnen rund um das Brauchtum: »Wie wäre es denn für dich, wenn dein Partner nur mit dir zusammen wäre, weil er dich braucht?« Das finden die meisten ziemlich schrecklich: »Dann wäre er wie ein Kind. Total abhängig von mir. Das wäre ja keine richtige Beziehung. Ich würde mich ausgenutzt fühlen. Missbraucht. Dann wäre gar nicht ich gemeint, sondern eher meine Funktion – wie ein Platzhalter.«

Genauso ist es. Wir wollen in einer Beziehung gesehen und um unserer selbst willen geliebt werden. Und das wollen auch unsere Partner. Wenn das nicht möglich ist, sollte man ernsthaft überlegen, ob man dieses Brauchtum dennoch aufrechterhalten möchte. Wozu? Damit ich nicht allein bin? Betrüge ich den anderen denn dann nicht gerade durch mein Bleiben? Und stehe ihm im Weg? Denn er könnte, wenn ich diesen Weg aufrichtigerweise freimachte, eine andere Partnerin finden, mit der es gut läuft. Und auch ich würde dann einen anderen Partner finden können, der besser zu mir passt. Mit dieser Idee könnte man ein Gespräch in einer Beziehung beginnen: »Wie stellst du dir unsere Zukunft vor?«

Kurioserweise denken Menschen oft, dass sie gewisse Gedanken vor ihren Partnern verheimlichen können. Doch häufig kennt einen der oder die andere so gut, dass er eben nicht aus allen Wolken fällt, sondern vielleicht sogar erleichtert ist, wenn ein Thema endlich einmal auf den Tisch kommt, wozu ihm vielleicht bisher der Mut fehlte.

Wenn ich sage: »Ich brauche dich, um dies und jenes zu tun«, dann kann ich den Satz auch verändern in »Was brauche ich von mir selbst, um dies und jenes zu tun?«. Sobald ich mir das beantworten kann, bin ich frei in meiner Liebe zum anderen. Dann ist es meiner Auffassung nach wirklich Liebe, keine Abhängigkeit. Dies markiert auch den Unterschied zwischen einer glücklichen Beziehung auf Augenhöhe und einer abhängigen. In Letzterer brauche beziehungsweise *miss*brauche ich meinen Partner dafür, dass er meine Unsicherheit oder einen Mangel in mir stillt. Beim »gesunden Brauchen« handelt es sich um Dinge, die auch jemand anders tun könnte, aber es ist schön, dass mein Partner sie für mich erledigt, zum Beispiel Reifen wechseln. Aber deswegen ist man nicht zusammen. Wenn ich jedoch glaube, dass einzig und allein mein Partner dies oder jenes tun kann, ich also abhängig von ihm bin, dann sind wir im Bereich des ungesunden Brauchens. Und das braucht's nun wirklich nicht!

> **DREI FRAGEN, DIE DICH WEITERBRINGEN**
>
> - Wenn du deinen Partner nicht »brauchen« würdest, wärst du noch mit ihm zusammen?
> - Könntest du das, was du angeblich von ihm brauchst, auch anderswo bekommen?
> - Was müsstest du dich trauen, um mehr Vertrauen in dich zu bekommen? Und was wäre der erste Schritt?

Schau nur mich an!

Es ist immer wieder erstaunlich, dass wir Frauen im 21. Jahrhundert, so emanzipiert wir auch sind, so gebildet, so unabhängig und selbstbewusst, uns mit einem Wimpernschlag zurückkatapultieren in ein Frauenbild, das eigentlich längst Vergangenheit sein sollte. Es geht um, du ahnst es vermutlich, Vergleichbarkeit und Schönheit. Zunehmend definieren wir uns selbst wieder darüber (den sozialen Medien sei »Dank«). Spieglein, Spieglein an der Wand, und jede will die Schönste (Modischste, Sportlichste …) sein. Es zählen keine Universitätsabschlüsse oder Karrieren, einzig und allein auf die Optik kommt es an, ob man im Kampf um Attraktivität bestehen kann. Was für ein Kampf ist das eigentlich, und wer kämpft da gegen wen?

Die Augenweide

Lilli war eine hochattraktive Frau in den Dreißigern mit einer blonden Löwenmähne und einem wie gephotoshopten Körper. Bei ihr stimmte einfach alles. Als ich sie zum ersten Mal sah, war ich geradezu geblendet. So ein rundum schöner Mensch! Ich war gespannt, welches Thema sie mitbrachte, und dann einigermaßen fassungslos, als sie mir ihr Problem schilderte.

»Ich kann das Zusammensein mit meinem Freund nur genießen, wenn wir zu zweit sind. Sobald wir irgendwohin gehen, egal, ob wir shoppen, Sport machen oder mit anderen verabredet sind, muss ich ständig die Umgebung scannen nach Frauen, die vielleicht besser aussehen als ich. Und wenn ich welche sehe, was eigentlich meistens der Fall ist, muss ich kontrollieren, ob mein Freund sie auch bemerkt und womöglich anstarrt. Er weiß, dass ich das nicht aushalte, aber er könnte ja zum Beispiel versteckte Blicke werfen oder über ein Schaufenster als Spiegelfläche gucken. Und das würde ich nicht ertragen. Das sage ich ihm auch immer wieder, aber er schaut trotzdem.«

»Schaut er wirklich, oder glaubst du, dass er schaut?«, erkundigte ich mich.

»Er sagt, dass er nicht schaut, aber das glaube ich ihm nicht. Und das ist dann ganz schrecklich für mich, weil die anderen ja immer viel besser aussehen als ich.«

Diese Einschätzung war geradezu bizarr, denn Lilli war nicht gut aussehend oder hübsch, sie war eine richtige Schönheit. Was sie selbst aber nicht so wahrnahm – und schlimmer noch, sie war fest davon überzeugt, dass ihr Freund sie betrügen oder verlassen würde, wenn er eine attraktivere Frau fände, was sie dadurch zu verhindern trachtete, dass sie am liebsten mit ihm zu Hause blieb. Ihre gute Absicht, sich selbst vor der Möglichkeit des Verlassenwerdens zu schützen, war in verlockende Angebote verpackt: »Lass es uns doch lieber schön gemütlich machen.« Diesem Ansinnen wollte der Freund nicht widersprechen, er konnte gar nicht genug von Lilli bekommen. Sie war auch sehr naturverbunden, das gefiel ihm ebenfalls: dass sie so gern mit ihm durch den Wald streifte. Nur komisch, dass sie hingegen mit ihren Freundinnen gern ins Kino oder auf Konzerte ging. Aber wer verstand die Frauen schon?

Lillis Freund war zufrieden mit dem, was er hatte, nämlich eine absolute Superfrau, und die wollte er behalten, weshalb er ihre Eifersuchtsattacken, wie er es interpretierte, an sich abperlen ließ. Schwierig war es für ihn, dass Lilli nicht mit ihm in den Urlaub fahren wollte. »Lass uns doch lieber zu Hause bleiben, das ist auch besser fürs Klima.« Nicht auszudenken, wie vielen Frauen man da begegnen würde, schon am Flughafen oder am Strand in knappen Bikinis. Nein, nicht mit Lilli.

Auf Dauer war ihre Vermeidungsstrategie natürlich nicht so durchzuhalten, wie sie es gern gehabt hätte. Außerhalb der eigenen vier Wände sollte ihr Freund sie idealerweise ständig im Blick behalten, und wenn er es nicht tat, dann forderte sie es manchmal sogar wörtlich ein: »Schau mich an!«

»Ich hab doch nur den Kopf gedreht, weil da drüben ein Notarzt vorbeigefahren ist.«

»Nein, du hast die Gelegenheit genutzt, dich nach der Frau mit den High Heels umzuschauen.«

Und so weiter.

Bewundernswert der Freund und über die Maßen stolz auf seine »Beute«, tat er alles in seiner Macht Stehende, um sie zu behalten. Früher oder später mündete jeder Streit in fantastischem Versöhnungssex, das war Lillis Spezialität, den Preis musste er bezahlen für diese Superfrau, mit der er in einer On-off-Beziehung lebte, denn wenn Lilli meinte, er habe zu viel fremdgeschaut, trennte sie sich von ihm. Bis zum nächsten Mal.

Wenn Lillis Freund ihr versicherte, dass er sie liebe und sie für ihn die schönste Frau der Welt sei, beruhigte sie das nur kurz –

wenn sie es überhaupt glauben konnte. Sie empfand sich ja als »Mängelexemplar« und versuchte krampfhaft, sich das Gegenteil beweisen zu lassen, was allerdings nie gelang. Man kann nur glauben, wovon man selbst überzeugt ist.

Ein hässliches Thema mit der Schönheit

Leider ist Lilli kein Einzelfall. Viele Frauen haben ein, nun ja, »hässliches Thema mit der Schönheit«, tarnen dies aber besser als Lilli oder wissen gar nicht, wie schnell sie getriggert werden. Und es sind nicht solche Frauen, die vermeintlich keine Wahl hätten! Sehr oft erwischt es gerade die besonders erfolgreichen und auch attraktiven Frauen.

Ich erinnere mich an einen Fall, in dem eine Frau, die nicht mal eifersüchtig war, völlig außer sich geriet, als sie bei einem Besuch in seinem Büro entdeckte, dass ihr Freund kein Naturbild oder Foto von ihr als Bildschirmschoner benutzte, sondern eines von Megan Fox! Sofort ging die selbstzerstörerische Achterbahnfahrt in ihrem Inneren los: »Findet er mich nicht schön, bin ich nicht attraktiv genug, will er sich von mir trennen?«

Sie erzählte mir, dass sie sich dabei vorkam, als stünde sie neben sich. »Ich wusste, dass das alles Blödsinn ist, doch es hat mich förmlich weggerissen. Ich konnte es nicht kontrollieren oder aufhalten.«

Viel später konnte sie ihren Freund in abgemilderter Form in einem Scherz nach dem Bildschirmschoner fragen, den sie zufällig entdeckt hatte. Er erklärte ihr, dass ihm ein Foto seiner Freundin im Büro viel zu persönlich gewesen wäre, deshalb hätte er eins von Megan Fox gewählt, zumal die ja »so Haare hat wie du«. Stimmte das? Oder fand er Megan einfach attraktiv, voll sein Beuteschema? Ich bin da skeptisch, aber meine Klientin war damit zufrieden, der Haussegen hing wieder gerade. Und nur fürs Protokoll: Es sollte okay sein, sich Megan Fox als Bildschirmschoner auszusuchen. Einen Star toll oder attraktiv zu finden, sagt nichts über die Qualität der eigenen Beziehung aus.

Wenn sie sich einmal auf dem Pfad der Selbstunsicherheit bezüglich des Aussehens verirrt haben, dann ist es für viele Frauen sehr schwierig, zurück zu einem gesunden Selbstwert zu finden. Da hilft es oft wenig, sich immer wieder zu sagen: »Ich bin doch mehr als ein nettes Gesicht.« Wenn die Vergleichsmaschine einmal läuft, dann gern heiß und ohne Erbarmen.

Woher kam Lillis Unsicherheit über ihren Körper und ihr Aussehen? Abgesehen von Ereignissen, die in ihrer Kindheit liegen mögen, trugen die sozialen Medien bei Lilli, einer geradezu besessenen Userin, vieles dazu bei. Meiner Meinung nach haben wir mit Insta & Co. fünfzig Jahre Feminismus in die Tonne getreten, sodass Frauen sich selbst wieder auf ihr Aussehen reduzieren.

Oder zum ersten Mal? Wurden sie früher nicht eher von den Männern darauf reduziert? Heute erledigen wir das selbst, dazu brauchen wir, wie für so vieles andere, keinen Mann mehr. Obwohl wir wissen, dass die Bilder, die wir sehen, wie gesagt nicht der Realität entsprechen, dass da Filter über Filter verwendet worden sind, fallen wir wieder und wieder darauf herein, gerade erfolgreiche Frauen. Erfolg allein genügt nicht, es braucht auch eine makellose Haut, schönes Haar, die Topfigur. Man fragt sich, woher die Frauen die Zeit nehmen, erfolgreich zu sein. Zum Glück gibt es Gesichtsfilter und Photoshop. Aber das alles überfordert uns, und aus dieser Überforderung entsteht letztlich Selbstunsicherheit.

Den Blick nach eigenen Maßstäben schärfen

Ich erinnere mich an eine Geschichte aus meinem Leben, da war ich achtzehn oder neunzehn. Ein Freund von mir, und ich hielt ihn für einen wirklich guten Freund, meinte: »Casy, wenn du jetzt noch ein paar Kilo abnimmst, drei oder vier, also dann würdest du echt gut ausschauen. Und die Haare müsstest du noch färben, blond wär echt geil. Ich sag dir, Casy, das wär mega.«

Warum habe ich ihm das damals durchgehen lassen und ihm nicht ordentlich die Meinung gesagt? Weil ich noch keine eigene dazu hatte. Weil es irgendwie normal war, sich so was sagen lassen zu müssen. Heute sehe ich das gänzlich anders, souveräner mit Sicherheit.

In meinen Coachings ermutige ich Frauen, ihren Blickwinkel auf sich selbst zu verschieben. Nicht durch die Brillen von Männern (nicht alle) oder Medien auf sich zu schauen, sondern ihren Blick nach ihren eigenen Maßstäben zu schärfen. Dass sie sich keinen Sand in die Augen streuen lassen nach dem Motto, wir wären doch gleichberechtigt. Das stimmt nicht, egal, wohin man schaut. Ob es um die unfairen Einkommensverhältnisse, die Altersarmut, die Kinderbetreuung und Gewalt gegen Frauen geht. Das alles ist nicht Thema dieses Buches. Doch viele unserer heutigen Verhaltensweisen leiten sich daraus ab.

Die Geschichte der Menschheit hat nicht mit unserer Geburt angefangen, auch wenn uns das so vorkommen mag und wir Lachkrämpfe kriegen, wenn wir die Pudding-Reklamefilmchen aus den Sechzigerjahren im Internet ansehen, in denen Frauen darauf reduziert waren, dass sie hübsch aussehen und gut kochen können. Ich doch nicht. Natürlich nicht, aber auf den Schultern dieser Frauen stehen wir. Die Reihe geht immer weiter. Mit unserem Verhalten bestimmen wir, in welche Richtung.

Schönheit ist vergänglich, Menschen altern. Wenn wir allein auf das Pferd Schönheit setzen, bleiben wir früher oder später auf der Strecke. Und dann? Wäre es nicht klug vorzusorgen, eben nicht mit Filtern und Schönheits-OPs, sondern mit Fürsorge für sich selbst und den eigenen Selbstwert, der nicht ausschließlich an der Optik hängen soll? Und damit meine ich nicht, sich gehenzulassen. Sich schön fühlen zu wollen und etwas dafür zu tun, ist absolut okay. Nur, wie bei so vielem im Leben kommt es auf das gesunde Maß an. Grenzen zu finden, ist manchmal schwierig. Ganz besonders deutlich wird das bei manchen Klientinnen, die mit jüngeren Männern zusammen sind. Eigentlich ist alles wunderbar, die Männer haben überhaupt kein Problem mit dem Altersunterschied, aber die Frauen torpedieren diese an und für sich oft guten Beziehungen mit ihrer Befürchtung, dass er sie eines Tages verlassen würde, weil sie ihm zu alt sei. Wie sagte einmal ein Klient? »Ich habe sie nicht verlassen, weil sie zu alt war, sondern weil sie ständig davon redete.«

Manchmal frage ich eine Klientin, die dies und jenes »hat machen lassen«, wo das hinführen soll: »Wie weit bist du bereit zu gehen? Zuerst die Lippen, die Lider, dann die Brüste, und schließlich lernst du einen kennen, der auf Riesenpos steht. Und wenn du dann den absoluten Superhintern hast, ist es aus, und der Nächste wünscht sich hohe Wangenknochen. Hallo, Barbie, oder was? Wie viel Geld bist du bereit zu investieren, wenn du doch weißt, dass du gegen die Zeit läufst? Was ist der eigentliche Grund? Was erhoffst du dir davon, die Schönste im Land zu sein?«

Einmal hat eine Klientin zu mir gesagt: »Ich bin mir das einfach wert.« Was für ein Missverständnis in Bezug auf den Selbstwert, denn der ist hier das Thema. Der Selbstwert ist nicht an einem hübschen Gesicht abzulesen, sondern an dem, was einen Menschen ausmacht. Zu wissen, welche inneren Werte man an sich schätzt, welche man mag. Wenn man sie ausschließlich an die Optik hängt, die mit der Zeit verblühen wird, was bleibt dann? So lade ich meine Klientinnen immer wieder ein, sich wenigstens einen Teil der Zeit, die sie für gewöhnlich mit ihrem Aussehen verbringen, der Innenansicht zu widmen. Damit meine ich, dass sie sich zum Beispiel konkret überlegen, was sie gut können oder was sie innerlich an sich selbst mögen. Sie sollen Beweise dafür sammeln, dass sie »etwas zu bieten« haben, unabhängig von ihrem Aussehen. Kurioserweise zeigt diese Beschäftigung auch Auswirkungen auf das Aussehen. Denn Menschen, die ihren Selbstwert kennen und mit sich einverstanden sind, haben eine andere, eine bessere, manchmal sogar eine leuchtende Ausstrahlung. Sie haben Charisma. Was mich betrifft, schaue ich lieber in ein sechzigjähriges Gesicht, das auch nach sechs Jahrzehnten aussieht, statt in ein Gesicht, das zwar wunderbar glatt ist, aber nichts über das Leben dieses Menschen verrät.

Genauso wahr ist es, dass ich auch gern gut aussehe. Bevor ich ein Video aufnehme, schaue ich in den Spiegel, und ich mache mich »zurecht«. Aber Schönheit besteht für mich eben auch aus Souveränität, wie sie Menschen ausstrahlen, die in ihrem Leben in ihrem Selbst, in ihrem Körper zu Hause sind. Sie jagen keinen Idealen hinterher, sondern kreieren ihr eigenes Ideal.

Manche beschäftigen sich kaum bis wenig mit ihrem Äußeren, das sie als gegeben betrachten. Was sollen sie daran verändern? Veränderung geschieht im Inneren. Und da tut sie auch nicht so weh wie eine Operation. Und man wird nicht in Narkose gelegt, im Gegenteil: Man wacht aus der Narkose auf! Wie aber kommen wir dorthin, wenn unser Selbstwert angeknackst ist?

Shift it statt *lift it!*

Um es noch mal deutlich zu sagen: Es ist völlig okay, sich für sein Aussehen zu interessieren, für Schönheit, Pflege, tolle Haare – all das. Die Kernfrage ist: Was bleibt, wenn all das futsch wäre? Manchmal bitte ich Klientinnen, eine Verkaufsanzeige für sich selbst zu formulieren, was sie sehr irritiert. Ich erkläre ihnen dann: »Wenn du dich schon zum Objekt machst, dann kannst du auch gleich ein Preisschild dranhängen. Also: Was preist du an dir an, und was bist du wert?«

Die Frage tut natürlich weh. Mir selbst auch, doch ich weiß, dass es oft Provokation braucht, um Veränderung in Gang zu bringen. Selbstverständlich wollen sie gern viel wert sein, empfinden sich aber als wertlos, weil sie nur ihre vermeintlichen optischen Mängel im Blick haben.

»Also gehörst du auf den Ramschtisch?«, frage ich dann. Und male ihnen in den schönsten Farben aus, wie sie da mit anderen Mängelexemplar-Frauen auf einem Grabbeltisch rumliegen und die Männer sich zwischen Gier und Gelangweiltsein durchwühlen, die eine oder andere achtlos zur Seite werfen, um zu sehen, ob vielleicht weiter unten eine bessere zu finden ist; schließlich wollen sie ein Schnäppchen machen. Spätestens dann regt sich Widerstand. »Also dafür bin ich mir zu schade!«

»Beweise es«, sage ich. »Wieso gehörst du nicht auf den Ramschtisch? Was macht dich wertvoll, wenn es nicht (mehr) das Aussehen ist?«

Solche »Anregungen« sind manchmal erforderlich, um die Augen zu öffnen.

Das Schöne ist, dass es inzwischen auch in den sozialen Medien immer mehr Frauen gibt, die gegen den Trend arbeiten, die für Body Positivity einstehen, für das unperfekt Perfekte.

Je älter wir werden, umso unwichtiger werden Äußerlichkeiten. Stattdessen rückt in den Vordergrund, dass der Körper gut funktioniert und das macht, worüber wir früher gar keine Gedanken verschwendet haben. Wir wollen auch mit sechzig, siebzig noch Treppen steigen und tanzen. Und wenn der Körper bis ins hohe Alter ohne Schmerzen geschmeidig und gesund bleibt, ja, dann ist *das* schön! Es ist eine ganz natürliche Entwicklung, Schönheit in der Funktion zu erkennen und nicht in der Hülle. Diese Betrachtungsweise hilft einem auch beim reifen, weil bewussten Älterwerden. Anders auf den Körper zu blicken. Eben nicht nur im Sinne von »schön« anzuschauen, sondern im Sinne von »was der alles leistet Tag und Nacht«. Das Herz schlägt ohne Unterlass, alle Organe arbeiten rund um die Uhr. Da fallen ein paar Macken und Schrammen nicht ins Gewicht! Stattdessen breitet sich eine tiefe Dankbarkeit aus. Und das ist Schönheit, die von innen nach außen strahlt.

Einer Frau mit gesundem Selbstwert macht es vermutlich wenig oder nichts aus, wenn ihr Freund eine andere Schönheit bemerkt. Das tut sie ja auch. Kommt es allerdings häufiger vor, kann die Frau ihren Freund darauf ansprechen, aber eben ohne sich dabei selbst als Mängelexemplar zu fühlen.

Es ist ein Riesenunterschied, ob es mich irritiert, dass mein Freund andere Frauen anschaut und ich frage: »Hey, was ist da los?« Oder ob sein Verhalten automatisch einen Teufelskreis der Selbstzweifel bei mir auslöst. Davon abgesehen sagt ein Mann, der geradezu zwanghaft andere Frauen mustert, sehr viel über sich aus, nämlich dass *er* ein Mangelgefühl hat. Das Verhalten eines Menschen lässt immer nur auf ihn selbst schließen und nicht auf andere!

Es gibt übrigens auch Zeitgenossinnen, die ziehen Unattraktivität vor. Unvergessen ist mir eine Klientin, die sich darüber freute, dass der Friseur den Haarschnitt ihres Freundes vermasselt hatte. »Er sieht richtig scheiße aus!«, strahlte sie. Jetzt konnte ihr eifersüchtiger Teil entspannen, der ständig Angst hatte, andere Frauen würden ihr den Freund ausspannen. Mit *der* Frisur? Ausgeschlossen! Was für eine interessante Logik. Vielleicht konnte sie den Friseur beim nächsten Mal bestechen, dass er den Katastrophenschnitt wiederholte? Und was für ein Leidensdruck steckte dahinter, denn die Klientin fand den Freund ja mit der Frisur selbst nicht mehr attraktiv, was ihr aber lieber war, als dass er ihr gefiel – und anderen! Und sie konnte damit zeigen, dass sie nicht jemand war, der Wert auf Äußerlichkeiten legte. Obwohl ihr Freund nun so (vermeintlich) unattraktiv war, blieb sie bei ihm. Sie gehörte zu den »Guten«, vertrat die wirklich wichtigen Werte.

So sehen wir einmal mehr, dass man alles biegen kann, wie man es braucht. Interessant ist die Frage, warum. Was steckt dahinter?

Lust auf schlechte Laune? Vergleich dich!

Wenn eine Frau andere Frauen betrachtet und es ihr dabei nicht gut geht – warum ist das so? Weil sie nicht bloß schaut, sondern vergleicht. Und dabei schneidet sie kurioserweise immer schlechter ab. Makel, die sie bei sich selbst niemals »durchgehen« lassen würde, übersieht sie bei anderen großzügig. Während sie an sich selbst einen unerbittlichen Maßstab anlegt. Da wird ein Kilo zu viel als Fett verurteilt, während einer anderen Frau mit fünf Kilo »zu viel« auf den Rippen eine Superfigur attestiert wird. Die eigene Nase wird als Zinken gebrandmarkt, während eine fremde, doppelt so große ideal erscheint. Die eigene Wespenteile ist zu dick im Vergleich zur nicht vorhandenen Taille einer Freundin. Was für eine verzerrte Wahrnehmung!

Wir sollten uns das Gleiche zugestehen wie anderen und noch viel mehr, schließlich haben wir einen Heimvorteil und sind uns selbst die Nächste. Hier ein paar Tipps für dich:

Entfolge allen Insta-Profilen, bei denen es um körperliche Schönheit geht.

Lies keine Frauenzeitschriften, in denen die Frau immer irgendwie toll aussieht und uns dabei gleichzeitig lächelnd die Lüge erzählt, dass wir das auch könnten.

Schmeiß das Thema »Schönheit« aktiv aus deinem »Konsumleben«, mach's nur für eine Woche, mal zur Übung!

Warum? Um das ständige Vergleichen zu blockieren. Keine Sorge, du verpasst nichts, was für *dein* Leben wirklich wichtig ist. Hinter unserer Angst, nicht mehr attraktiv genug zu sein, verbirgt sich die Angst, nicht gewollt zu werden. Aus dieser Angst heraus werden wir eifersüchtig, manipulativ, hart und unfair zu uns selbst. Und mal ganz ehrlich: Was hast du de facto davon, außer dass du dich schlechter fühlst? Wenn du möchtest, dass es dir besser geht, fang mit dieser Übung an: Lenke deinen Fokus bewusst von schönen zu interessanten Menschen. Die bringen dich auch weiter.

Der Mangelblick

Was haben wir davon, wenn wir uns ständig vergleichen und uns in der Folge mies fühlen? Irgendeinen Gewinn oder Ansporn müssen wir doch daraus ziehen, sonst wären wir ganz schön doof. Der Vergleich spitzt sich zu: *Love it, leave it or change* ist. Das bedeutet, entweder ich »liebe« es, beim Vergleich mit anderen schlecht abzuschneiden, weil es ein ungesundes System in mir bestätigt, oder ich lasse es bleiben, oder ich verändere die Situation dahin gehend, dass ich nicht mehr schlecht abschneide.

Was entweder dadurch gelingen kann, dass ich es bleiben lasse, dass ich meinen Blick auf mich selbst mildere oder meinen Selbstwert insgesamt anhebe, sodass mir Vergleiche keine schlechten Gefühle machen, auch wenn ich dann nicht mehr zugeben *muss*, sondern zugeben *kann*: Die sieht besser aus als ich.

Aber was hat das mit meinem Leben, mit meiner Familie, mit meinem Freund, mit meinem Job, mit meinem Kleiderschrank zu tun? Nichts. Allerdings kann der Vergleich mich anspornen, noch strenger Diät zu halten, noch mehr für meine Fitness zu tun. So wie ich neulich gelesen habe, dass manche Ernährungsexpertinnen tatsächlich immer noch dazu raten, Kleidung zu tragen, die kneift, damit man ständig daran erinnert wird, dass man abnehmen sollte. Das Problem bei dieser Strategie ist, dass sie häufig über das Ziel hinausschießt. Außerdem kann man geradezu süchtig nach dem Vergleichen werden, das Leben wird zu einem permanenten Wettkampf. Oder die Resignation. Aber da wird wenigstens nicht mehr verglichen nach dem Motto »Die ist ja noch viel frustrierter als ich, die ist noch viel unglücklicher als ich, Mist, ich habe verloren – oder gewonnen?«.

Stell dir vor, du stehst auf einer Wiese voller Blumen. Auf den ersten Blick sehen alle gleich aus – Menschen. Auf den zweiten Blick gibt es vor allem zwei unterschiedliche Farben, die roten und die blauen und Schattierungen davon – Frauen und Männer. Und auf den dritten Blick sieht jede Einzelne anders aus. Jede ist einzigartig und hat etwas, was keine andere hat! Jede von uns. Auch du.

Jede Einzelne von uns zieren Besonderheiten, innen und außen. Ich bin eine schöne Blume, aber nicht die einzige. Es gibt noch viele andere schöne Blumen, doch das ändert nichts an meiner Einzigartigkeit. Wenn andere also schön sind, nimmt mir das nichts weg. Wieso sollte ich das als Bedrohung empfinden? Ich könnte mich doch auch daran erfreuen. So wie sich andere vielleicht an meinem Anblick erfreuen?

Falls du auch zu diesem wenig netten Verhalten dir selbst gegenüber neigst, möchte ich dir folgenden Vorschlag machen: Wann immer du eine Frau siehst, die dein Interesse weckt, beschreibe sie, ohne sie zu bewerten und mit dir zu vergleichen. Beschreibe nur, was du siehst, wie bei einer Bildbeschreibung oder Zeugenaussage. Ohne Bewertungen! Übe das konsequent eine Weile, sodass du lernst, auf die Sachebene zu wechseln. Die tut nämlich nicht weh. Eine solche Distanz ist empfehlenswert bei allen Themen, die uns negative Gefühle machen. Stell dir vor, du regst dich im Job über irgendetwas total auf. Wie respektlos ein Kollege sich dir gegenüber benommen hat. Und nun beschreibe die Situation *ohne* jede Bewertung. Unsere Gefühle sind Folge unserer Bewertungen. Verändere ich meine Bewertung, verändert sich mein Gefühl. Und wenn dadurch aus Wut nur noch Irritation wird, schließlich ein Zur-Kenntnis-Nehmen, bin ich deutlich entspannter und handlungsfähiger.

Also, statt sich über den respektlosen Kollegen aufzuregen, schreib ein inneres Protokoll des beobachtbaren Verhaltens. Alles andere wäre Interpretation, darin bist du vermutlich top. Die »Zeugenaussage« hilft dir, Distanz herzustellen und dann eben nicht automatisch gekränkt oder verletzt zu reagieren, sondern souverän und klar. Kleiner Trick, große Wirkung!

Meine Klientin Lilli hat damals allerdings einen anderen Vorschlag beherzigt. Wenn ihr Freund ihrer Meinung nach Frauen »studierte«, suchte sie sich Männer, die ihr gefielen, und beobachtete sie. Was diesen sehr schmeichelte ... Ihre Hoffnung, dass ihr Freund sie einmal auffordern würde: »Schau mich an!«, erfüllte sich allerdings nicht. »Der merkt das gar nicht!«, beschwerte sie sich. Doch insgesamt ging es ihr mit der Situation nun besser. »Ich will noch immer, dass er mich ansieht und ...«

Ich unterbrach sie und fragte, ob sie mit einem dieser Männer, die sie beobachtet hatte, gern was angefangen hätte. Das verneinte sie aber vehement.

»Wieso denn nicht?«, fragte ich. »Da waren doch bestimmt welche dabei, die sehr attraktiv waren.«

»Ja schon, aber ...«, sie suchte nach Worten.

»Aber was?«

»Na, die kenn ich doch gar nicht, und ich hab ja 'nen Freund.«

Ich schwieg. Doch dann fiel der Groschen bei Lilli, und nachdenklich fragte sie sich selbst: »Wieso sollte das bei meinem Freund eigentlich anders sein?«

Letztlich geht es darum, eine Veränderung zu etablieren. Weg von dem, was schlechte Gefühle auslöst, hin zu dem, was gute Gefühle macht. Das Leben ist viel zu kurz, um es an schlechte Gefühle zu verschwenden!

DREI FRAGEN, DIE DICH WEITERBRINGEN

- Was sagt äußere Schönheit über dich als Mensch aus?
- Stell dir vor, dein Freund wäre blind, was würde er besonders an dir schätzen?
- Wenn du mal alt und runzelig bist, was wird dich dann besonders machen?

Ich weiß, was gut für dich ist

Immer wieder kommen Frauen ins Coaching, die völlig ratlos sind ob der scheinbaren Gleichgültigkeit ihrer Männer. Sie selbst haben das Gefühl, alles für die Beziehung zu tun, sich regelrecht daran abzuarbeiten, doch ihre Partner würdigen das anscheinend nicht. Ja, schlimmer noch: »Der sieht gar nicht, was ich alles für ihn und für uns tue!« Natürlich nur das Beste, da die Frau überzeugt davon ist, dass sie ganz genau weiß, was das Beste für den Mann ist. Sollte er anderer Meinung sein, wehrt er sich gar gegen ihre Annektierung seines Lebens, kracht es oft gewaltig.

Die Pille für den Mann

Bianca war seit vielen Jahren mit Michael verheiratet, und seine Gesundheit war ganz automatisch in ihren Verantwortungsbereich gerutscht – wie in vielen anderen Ehen auch. Sie verabredete Arzttermine, früher zur Prophylaxe, heute hochgradig besorgt, da Michael Herzprobleme hatte. Wenn er gefragt wurde, welche Medikamente er einnehme, schaute er Bianca an. Er schluckte, was sie ihm morgens, mittags und abends darbot. Was er genau am Herzen hatte, wollte er gar nicht wissen. Dafür wusste Bianca alles. Sie hatte nicht nur unzählige Fachbücher gelesen, sondern war auch aktives Mitglied in mehreren Herzforen im Internet. Mit ihrem Wissen hatte sie schon manchen Arzt verblüfft. Leider wollte Michael nichts davon hören. Er weigerte sich, an einer Herzsportgruppe teilzunehmen, verschmähte Biancas gesunde Kost, holte sich hinter ihrem Rücken, wie sie vermutete, ungesundes Essen, und wenn Bianca mit ihm spazieren gehen wollte, fand er immer eine Ausrede. Die Nordic-Walking-Stöcke, die sie ihm zum Geburtstag geschenkt hatte, lagen noch verpackt im Keller, ebenso wie die Joggingschuhe und das Massagegerät.

Als Bianca zu mir kam, war sie mit den Nerven fertig. Einige Tage zuvor hatte Michael das alkoholfreie Bier, das sie gegen seine Hausmarke getauscht hatte, kommentarlos in den Ausguss gekippt.

»Ich weiß mir keinen Rat mehr«, schluchzte sie und erzählte, was sie alles schon versucht hatte, um Michael zur Vernunft zu bringen. Sie hatte ihm Bilder von verfetteten Herzen vor die Nase gehalten, erzählte von jedem ihr bekannten Herzinfarkt, wies ihn auf Männer seines Alters mit Übergewicht oder ungesunder Gesichtsfarbe hin, leierte den Fettanteil von Michaels Lieblingsspeisen runter und wurde nicht müde, ihm auszumalen, was passieren würde, wenn er ihre Tipps nicht befolgte. »Bumm«, sie klatschte in die Hände. »Irgendwann kippst du um. Und dann?«

»Das merke ich ja dann nicht mehr«, kommentierte er achselzuckend.

Aber Bianca würde es merken. Und das ließ sie *ihn* merken.

Er wiederum beharrte darauf, dass es sich bei der Verhandlungsmasse um seine Arterien handelte, nicht um ihre. »Dann stirb doch‹, habe ich zu ihm gesagt«, erzählte Bianca, noch immer fassungslos, wie der Streit so hatte eskalieren können. Anschließend zählte sie weitere Maßnahmen auf, die sie unternommen hatte, um Michael zu retten. Ich war beeindruckt von ihrer Kreativität und Hartnäckigkeit.

»Warum machst du das alles?«, fragte ich sie. »Dein Mann ist 59 Jahre alt – also eigentlich erwachsen.«

»Eben nicht!«, rief sie. »Er benimmt sich wie ein kleines Kind.«

»Könnte es sein, dass du dafür auch ein bisschen verantwortlich bist?«, fragte ich sie. Denn natürlich hatte die Einverleibung von Michaels Gesundheit schon vor vielen Jahren begonnen.

Nun wurde Bianca nachdenklich. Nach einer längeren Pause sagte sie: »Michael ist die Liebe meines Lebens. Ich habe selbst schon darüber nachgedacht, ob ich mich so aufrege, weil ich Angst davor habe, Witwe zu werden. Aber nein. Ich will einfach, dass es ihm gut geht. Ich leide darunter, wenn ich höre, wie kurzatmig er geworden ist. Das nimmt ihm selbst sehr viel Lebensqualität; und ich weiß genau, wie das bei seiner Diagnose weitergeht. Er wird erst einen, dann weitere Stents bekommen, vielleicht einen Infarkt, eine künstliche Herzklappe, einen Herzschrittmacher. Es macht mich wahnsinnig, wenn ich weiß, wie wir das in den Griff kriegen könnten, er sich aber verweigert.«

»Hast du Sorge, ihn pflegen zu müssen, irgendwann?«, sprach ich deutlich aus, was viele Frauen sich niemals laut zu äußern wagen. So was sagt man nicht. So was macht man gern. Auch wenn es ein bisschen selbst verschuldet ist?

»Das mache ich doch heute schon«, antwortete die resignierte Bianca.

Sie steckte in einem Dilemma. Es ist absolut nachvollziehbar, wenn wir uns wünschen, dass es den Menschen gut geht, die wir lieben. Doch in diesem Wunsch können wir auch leicht übers Ziel hinausschießen; und dann verrutscht das Gleichgewicht. Bianca war in Gesundheitsfragen zur Mutter ihres kindlichen Mannes geworden. Ein gleichberechtigtes Miteinander war nicht mehr möglich.

Das spürte Bianca, und es machte ihr schwer zu schaffen. Aber was sollte sie tun? Zusehen, wie Michael vor die Hunde ging?

»Du kannst ihm weiterhin Angebote machen«, sagte ich. »Aber erwarte nicht, dass er sie befolgt, oder fordere das gar ein. Am Ende ist es sein Körper, sein Leben, seine Verantwortung und nicht deine – so schwer das auch zu ertragen ist.«

Ja, das war schwer für Bianca, sehr schwer. Aber nach zwei Jahren Kampf sah sie keine andere Möglichkeit mehr. Denn je mehr sie insistierte, umso mehr verhärtete sich seine Verweigerungshaltung.

»Er ist wie ein bockiges Kind im Trotzalter«, sagte Bianca. Er wollte sich weder physisch noch psychisch damit auseinandersetzen und lehnte auch jeden alternativen Ansatz ab. Er wollte rundweg nichts von dem »Mist«, wie er es nannte, hören. Das Einzige, was er »brav« machte, war, die Pillen zu schlucken, welche Bianca für ihn zusammenstellte.

Ich erklärte ihr, dass Michael im Gegensatz zu ihr offenbar zu den Menschen gehörte, die nicht im Detail wissen möchten, was mit ihnen los ist. Damit musste sie leben lernen, auch wenn man so etwas gewiss nur sehr schwer aushält. Man ist absolut davon überzeugt, den richtigen Weg zu kennen, doch der Partner weigert sich, ihn zu beschreiten. Aber die Akzeptanz einer solchen Einstellung, auch im Umgang mit Krankheit, gehört zu einer gesunden Beziehung.

Der Kummer der Kümmerinnen

Das Phänomen, dass Frauen die Gesundheit ihrer Männer verantworten, kommt relativ häufig vor. Wieso bürden wir uns das auf? Eine der gängigsten Theorien ist es, dass Frauenleben viel körperlicher geprägt sind als Männerleben: Menstruation, Schwangerschaft, Geburt, Wechseljahre. Unsere Biologie zwingt uns geradezu, uns mit dem Körper zu befassen. Hinzu kommt, dass das fürsorgliche Kümmern, das Mütterliche, bei den meisten Frauen sozusagen zum »Bausatz« gehört, vor allem, wenn es um jemanden geht, der uns wichtig ist. Dann schwingen wir mit, sind empathisch und wollen helfen.

Männer können ihren Körper leichter ignorieren, und das wird ihnen oft auch anerzogen nach dem Motto »Helden kennen keinen Schmerz«. Ausnahme: der sogenannte Männerschnupfen. Wenn man nicht gewöhnt ist, sich mit seinem Körper zu befassen, dann kann es Angst machen oder zumindest stark verunsichern, wenn der plötzlich Macken hat. Oder noch schlimmer: falls der Mann die Macken selbst gar nicht bemerkt, sondern es vom Arzt hört. »Wenn Sie jetzt nicht, dann ...«

An dieser Stelle springt das »Kümmer-Gen« vieler Frauen an. Nicht selten steht dann plötzlich die Gesundheit des Partners im Mittelpunkt einer Beziehung und kann zu einem regelrechten Schlachtfeld werden. Beide fühlen sich unverstanden, allein gelassen, traurig ... Wo ist die Liebe hin? Die ja eigentlich der Auslöser für das Drama ist, denn was wir lieben, darum sorgen wir uns.

Wenn wir tiefer blicken, stellen wir oft fest, dass es einem »Patienten« ganz recht ist, sich in einen solchen Stellvertreterkrieg zu verstricken. Er gibt ihm das Gefühl, handlungsfähig zu sein, Entscheidungen treffen zu können, nämlich diejenigen seiner Frau zurückzuweisen. Das alles verschont ihn davor, sich mit seiner Krankheit auseinanderzusetzen, die ihm vielleicht große Angst macht und wenig Handlungsspielraum zulässt.

Dieses Versteckspiel deckte auch meine Klientin Bianca auf. Ihr Mann wollte sich nicht mit seiner Endlichkeit auseinandersetzen. Meiner Beobachtung nach ist es ein häufig anzutreffendes Phänomen bei Männern, dass sie Symptome, gerade wenn es um körperliche Gebrechen geht, möglichst lange ignorieren. Doch das machen viele Frauen nicht mit, und letztlich fühlen die Männer sich dann so, als würden ihnen ihre Frauen den Schutz wegreißen. Wenn sie das frühzeitig erkennen, können beide Parteien ein wichtiges Lernfeld beackern. Meistens mit hohem Gewinn. Wer sich frühzeitig mit seiner Endlichkeit befasst, investiert klug in die Zukunft!

Bei Bianca führte dies dazu, dass sie zwar traurig war, sich aber auch erleichtert fühlte, als sie die Verantwortung für Michaels Gesundheit an ihn zurückgab. »Natürlich wünsche ich mir, dass wir beide gemeinsam alt werden. Doch wenn es nicht so sein wird, bin ich nicht schuld daran, weil ich mich zu wenig durchgesetzt habe. Außerdem könnte ich vor ihm sterben. Hätte ich so weitergemacht, wäre das gar kein Wunder gewesen, so sehr hat mich seine Ignoranz aufgeregt.«

An dieser Stelle konnte ich Bianca fragen: »Was wäre denn gut für dich?« Wie so oft im Coaching musste ich die Frage einige Male wiederholen. Frauen sind Meisterinnen darin, sozusagen über Bande zu spielen und ihre Bedürfnisse zu verschleiern. Also im Fall von Bianca, und das sagte sie dann auch: »Ich möchte gern ein aktives Leben haben, auch wenn ich älter werde. Und dazu möchte ich einen aktiven Partner, keinen Patienten.«

Es war für Bianca eine Herausforderung, zu verstehen, dass ihre Strategie mit dazu beigetragen hatte, ihren Mann immer weiter in die Passivität zu drängen. Ja, er mochte wie ein trotziges Kind reagieren oder wie ein Ignorant, aber um sich einzugestehen, dass sie sich wie eine tyrannische Mutter verhielt, musste sie die bittere Pille schlucken. So konnte sie erkennen, dass sie zu etwas geworden war, was sie nicht sein wollte – Sorge um den Mann hin oder her.

Versteckte Arbeitsteilung

In den meisten langjährigen Beziehungen haben sich mit der Zeit Rollen und Verantwortlichkeiten herauskristallisiert und etabliert, eine häufig unbewusste Arbeitsteilung. Hier meine ich nicht die typischen Mann-Frau-Rollen, sondern die emotionale Arbeitsteilung. Wer gibt den Bedenkenträger, wer den Unbeschwerten? Wer bringt neue Impulse, wer bewahrt Traditionen? Wer sorgt für Spannung und wer für Sicherheit?

In jedem Menschen sind alle Anteile angelegt. Wir fühlen uns zur einen oder anderen Seite hingezogen, weil sie zum Beispiel unseren Werten oder unseren Prägungen entspricht. In Beziehungen neigen wir dazu, einen Teil ganz zu übernehmen – und damit einen anderen, den wir auch gestalten könnten, dem Partner zu überlassen. Womit wir uns in unseren Entfaltungsmöglichkeiten einschränken. Das merken wir jedoch nicht, sondern glauben, das gewohnte Verhalten sei das richtige, das gute. Meistens ist es auch praktisch für uns: Wir können in unserer Komfortzone bleiben.

Sobald wir eine Beziehung eingehen, nehmen wir Rollen ein. Vielleicht, weil wir das selbst so wollen oder weil wir sie auf den

Leib geschrieben bekamen. Nach und nach verfestigen sie sich. Und dann kann es sein, dass eine Rolle irgendwann nicht mehr passt. Man ist aus ihr herausgewachsen oder hat einfach keine Lust mehr, immer wieder das gleiche Stück aufzuführen. Stets der jugendliche Liebhaber, immer der Klassenclown, dauernd die Gekränkte. »Immer muss ich ihn auf die Risiken aufmerksam machen, immer muss ich die Sparsame sein, immer muss ich zuverlässig an alle Geburtstage denken. Nur weil ich gut mit Zahlen umgehen kann, heißt das doch nicht, dass ich Jahr für Jahr die Steuererklärung mache«, wäre ein Beispiel zum Anfassen. Im emotionalen Bereich fühlt es sich so an: »Ich kann die Dinge nüchtern sehen und trotzdem Fantasie haben.«

Paare werden auch von anderen katalogisiert. Da haben wir Leon, die Stimmungskanone, und Kim, die Spaßbremse. Wie staunt der Bekanntenkreis, als Kim ohne den erkrankten Leon zur Vernissage erscheint und sich als brillante Entertainerin entpuppt. Das hätte ihr keiner zugetraut. Ja, im Schatten von Leon kann Kim diese Persönlichkeitsanteile nicht ausleben. Schade.

Leon wiederum kann es kaum glauben, als ihm erzählt wird, was für ein Partytiger seine Frau sein soll. So kennt er sie ja gar nicht. Schade. Denn es stresst ihn immer ziemlich, wenn sie neben ihm steht und den Mund nicht aufkriegt. Er hat dann das Gefühl, für zwei reden zu müssen. Und das machte er auch, und Kim verstummte.

Es war für beide eine spannende Erfahrung, ihre emotionale Arbeitsteilung zu entlarven. Meiner Meinung nach sollte eine solche Bestandsaufnahme immer wieder mal durchgeführt werden.

Spätestens wenn bei Diskussionen oder Streiereien des Öfteren Sätze fallen wie »So bin ich gar nicht«, »Das habe ich nicht so gemeint« oder sogar »Du hast dich total verändert«, ist es dringend Zeit, feste Vorstellungen voneinander auf den Prüfstand zu stellen, ja, sich neu kennenzulernen. Wenn der Leidensdruck sehr groß und akut ist, stelle ich meinen Klientinnen (und übrigens auch meinen Klienten) genau eine Frage: »Wenn er genau so bleibt, wie er jetzt ist, willst du dann noch mit ihm zusammen sein?«

Diese Frage treibt es auf die Spitze und entlarvt die (vor allem weibliche) heimliche Hoffnung, ihn doch noch zu ändern. Die Frage zwingt dazu, auf das zu schauen, was *ist*, und nicht auf das, was wir gern hätten.

Das Leben ist dynamisch. Wir verändern uns – als Individuen und als Paar. Wie wäre es, wenn wir uns gegenseitig beim Wachsen und Gedeihen unterstützten, statt uns zu behindern mit Vorstellungen von gestern und vorgestern?

Ich erinnere mich an eine Frau, die sich von ihrem Freund getrennt hatte, weil er am liebsten zu Hause auf dem Sofa blieb. Anfangs war sie von diesem »Gemütsmenschen« fasziniert, doch nach einer Weile langweilte sie sich nur noch. Für ihn war das Filmegucken im »Heimkino« das Höchste, sie wollte lieber ausgehen, sich mit Freunden treffen.

Ein halbes Jahr nach dem Beziehungsende hörte sie, dass ihr Ex-Freund mittlerweile ein sehr aktives Leben führte. Nicht nur, dass er abends häufig unterwegs war, er war auch in einen Segelclub eingetreten und leitete dort ehrenamtlich den Eventbereich. Meine Klientin konnte das kaum fassen. Doch das passive Wesen ihres ehemaligen Partners war in ihrer Beziehung festgelegt gewesen. Nach dem Ende der Beziehung hisste er seine Segel, und wer weiß, vielleicht würde seine nächste Freundin dann den passiven Part übernehmen ...

Nicht selten geschieht es, dass uns Eigenschaften unserer Partner, die wir zu Beginn sehr attraktiv fanden, im Lauf der Zeit nerven. Und dann vergessen wir auch, dass uns dies oder jenes einmal sehr gefiel. So erging es Sarah. Wie sehr begeisterte sie die Spontaneität von Steve in ihren ersten Wochen! Was für ein toller Mann! Stand einfach vor ihrer Tür, warf Pläne ständig um, lebte nach Lust und Laune. Zwei Jahre später war Sarah vor allem genervt, weil die Kehrseite dieser Spontaneität eben Unzuverlässigkeit war.

Wenn wir uns unseren Beziehungspartner aussuchen, fliegen wir meistens auf ganz bestimmte Eigenschaften. Oft sind das genau solche, die uns abgehen und die wir bewundern. Gleichzeitig ist diese »Andersheit« aber auch ein prima Nährboden für Konflikte, denn wenn der Reiz des Neuen verflogen ist, dreht es sich oft, und was wir vorher toll fanden, wird uns jetzt lästig.

Es ist sinnvoll, sich dann noch mal ausdrücklich zu vergegenwärtigen, was das Gute an der Andersheit des anderen ist. Statt auf den vermeintlichen Mangel zu schauen, zu überlegen, welche positiven Effekte es auch für mich haben kann, wenn ich es zulasse.

Deine Zeit gehört mir

Ganz vortrefflich lässt sich in Beziehungen streiten, wenn es darum geht, wie die »freie Zeit«, die jedem zur Verfügung steht, verbracht wird. Einsam, zweisam, gemeinsam? Diesbezüglich haben Männer und Frauen oft recht unterschiedliche Ansichten.

Als junge Frau war ich einmal mit einem Fußballfan liiert, und wir dribbelten an den Wochenenden ständig um das Spielfeld. Zuerst glaubte ich an eine vorübergehende Phase. Okay, Bundesliga, aber wenn die rum ist, haben wir am Wochenende frei. Von wegen! Ich lernte die Champions League kennen, die Regionalliga sowie viele andere Turniere und begriff: Wenn du mit einem Mann zusammen bist, der Fußballnarr ist, bist du mit keinem Mann zusammen. Fußball scheint so was wie ein Heiliger Gral zu sein, und da darf man kein einziges Spiel verpassen – also vom Sofa aus, am Wochenende, samstagnachmittags.

Selten habe ich mich so auf Platz zwei geschoben gefühlt wie in dieser ziemlich kurzen Beziehung. Ich will fairerweise nicht ganz ausschließen, dass ich damals auch noch sehr romantische Vorstellungen hatte, wozu gehörte, eine Beziehung müsse symbiotisch sein, verschmelzend, wann immer es geht. Sprich: Ich war der absolut festen Überzeugung, dass die Zeit meines Freundes zur Gänze unserer Beziehung, also mir gehörte. Andere Frauen in ähnlicher Aufstellung haben sich dann vielleicht vom Fußballfieber anstecken lassen oder sich ab Samstagnachmittag eine andere Beschäftigung gesucht. Wobei sich dann allerdings irgendwann die Frage stellt, warum man überhaupt zusammen ist.

Wie das Wort es schon sagt: »Zusammen sein« bedeutet, nicht nur im Herzen und Geiste, sondern auch physisch gemeinschaftlich zu leben. Nur wenn genug gemeinsame Zeit erlebt wird, kann eine Beziehung wachsen, sich vertiefen und reifen.

Heute erzählen mir Klientinnen im Coaching oft, ihre Konkurrenz bestehe am Wochenende außer Fußball aus Computer, Fitnessstudio und/oder Rennrad. Wir schauen uns dann weniger die angeblichen Fluchtversuche der Männer an als folgende Fragen:
Ist meine Klientin grundsätzlich fähig, allein zu sein, und fühlt sie sich allein wohl?
Wie sieht die tatsächliche Zeitverteilung in der Beziehung aus?

Lautet die Antwort auf die erste Frage Ja, betrachten wir die Antwort auf Frage zwei. Lautet sie Nein, ergründen wir, wofür der Partner eigentlich steht und welche Bedeutung die Klientin der gemeinsamen Zeit beimisst.

Idealerweise sollte es so sein, dass man mit dem Partner Zeit verbringt, weil man ihn gern hat. Fühlt man sich jedoch allein unwohl, einsam, verloren, ängstlich und möchte deshalb mit ihm zusammen sein, besteht die Gefahr, dass man Ansprüche auf die gemeinsame Zeit erhebt, die durchaus auch manipulativ durchgesetzt werden können. Dann sind wir nicht mehr im Rahmen einer gesunden Beziehung, weil es nun nicht mehr darum geht, dass man mit der geliebten Person Zeit verbringt, sondern dass das Zusammensein mit diesem Menschen einen vor dem Alleinsein bewahrt, das schnell in Einsamkeit kippen kann.

Bleib doch noch ein bisschen!
Ich hab mich so auf den Abend mit dir gefreut.
Ich koch dir auch dein Leibgericht.
Mir geht's nicht so gut, bitte bleib.

Gut mit sich allein sein zu können, ist aus meiner Erfahrung, eine notwendige Grundlage für eine gesunde Beziehung. Alles andere riecht nach Abhängigkeit, und aus Abhängigkeit wird schneller, als man sehen kann, Manipulation. Sie ist Gift für eine gesunde Zweisamkeit. Über kurz oder lang führt sie zum Streit, weil sich der Manipulierte eingesperrt oder angekettet fühlt.

Letztlich ist es nicht nur wichtig, wie viel Zeit ein Paar tatsächlich miteinander verbringt, sondern wie es diese Zeit füllt. Ist es nebeneinanderher gelebte Zeit oder echte Quality Time? Und ist dieses Maß für beide in Ordnung? Wenn nicht, sollte man sich ein Herz fassen und ehrlich über die Bedürfnisse hinter der Forderung nach der Zeit des anderen sprechen. Die Lösung findet sich, wie meistens, in einer Mitte, die beide miteinander definieren, und in klaren Absprachen, wann wer Zeit hat. Gerade wenn die gemeinsame Zeit ein heiß umkämpftes Thema ist, sind Absprachen wichtig, weil enttäuschte Erwartungen sonst programmiert sind, mit der Folge von Streitereien, die sich immer um dasselbe Thema drehen.

Wie gesagt geben Männer dann gelegentlich einfach auf. Sie sitzen auf dem Sofa, sind physisch präsent, aber in Gedanken ganz woanders. Sie sitzen die Zeit, die die Partnerin einforderte, mehr oder minder einfach ab. Was für die Frau genauso ätzend ist. Da verlieren beide. Und es bringt auch nichts, das dem Partner vorzuwerfen.

Man sollte lieber gemeinsam und aufrichtig die eigenen Bedürfnisse erforschen. Eine Beziehung ist schließlich kein Nachsitzen! Wenn es in einem solchen Austausch beiden gelingt, offen aufeinander zuzugehen, lernt man sich wieder ein Stück mehr kennen. Wäre gemeinsam verbrachte Zeit ein Magen, so gäbe es Menschen, die bräuchten mehr, bis der Magen wohlig gefüllt wäre, und andere bräuchten weniger. Und wenn man zu viel gemeinsame Zeit gegessen hätte, könnte es einem übel werden. Das heißt, dass man auch immer ein Auge darauf hat, in der Freizeit eben nicht alles mit dem Partner zu machen, sondern auch mal allein loszuziehen, mit Freunden, ein Hobby allein zu pflegen.

Gerade junge Paare, die das erste Mal zusammenziehen, tun sich manchmal schwer im Zeitverhandeln. Dann fühlt es sich komisch an, wenn man was mit Freunden unternimmt und der Partner oder die Partnerin zu Hause bleibt. Aber es ist wichtig für die Partnerschaft, dass es auch noch andere nährende Beziehungen gibt. Mit ihnen sinkt das Risiko der emotionalen Abhängigkeit deutlich und sie lassen mehr Raum für freiwillige Liebe statt abhängiger Bindung.

Terminamnesie

»Du hast es schon wieder vergessen«, diesen Satz sagen Frauen oft zu Männern. Ein Termin wurde nicht eingehalten, obwohl er im Kalender stand. Kalender scheinen in manchen Beziehungen wie Wäscheständer zu sein. Sie werden übersehen.

Vor einiger Zeit erzählte mir eine Klientin, dass ihr Mann nach so einem typischen Termin-Clash mit einer tollen neuen Kalender-App um die Ecke gekommen sei, die sie dann unbedingt auch auf ihrem Handy installieren musste; und er schwärmte davon, wie easy nun der Abgleich ihrer Termine wäre.

Doch weit gefehlt! Zwar hatten nun beide die App, aber nur eine guckte rein. Und meine Klientin schüttelte ratlos den Kopf und fragte mich: »Wie kann das sein?«

Ein weiterer Klassiker: Auf einer Party mit befreundeten Paaren verabreden die Männer, mal wieder ein Wochenende miteinander zu verbringen, wie sie es schon ewig nicht getan haben. Auf der Heimfahrt »beichtet« er es seiner Freundin: Ach, übrigens, wir haben beschlossen, am letzten Mai-Wochenende eine Bootstour zu machen.

Nach einigen Sekunden sehr lauter Stille im Auto wiederholt die Freundin: »Am letzten Mai-Wochenende?«

Der Freund, hochgradig alarmiert, fragt vorsichtig: »Habe ich da was übersehen?«

Nein, hat er nicht. Aber er hat einen »schweren Fehler« begangen. Er hat etwas vereinbart, ohne mit ihr zu sprechen, obwohl sie doch die Kalenderhoheit, sprich den Daumen auf der Beziehungszeit, hat. Dieses Privileg hat sie sich irgendwann mal genommen, ganz typisch, und er hat sich nicht oder nur halbherzig gewehrt – auch ganz typisch. Und es ist ja auch praktisch, zumal sie ihn an alles erinnert, mittlerweile sogar an die Geburtstage seiner Freunde.

Es ist nichts geplant für Ende Mai. Dennoch ist die Freundin sauer und stellt ihn unter die Wörterdusche, denn es hätte ja sein können, dass sie was geplant hätte.

»Hast du aber nicht«, wagt er einen geradezu todesmutigen Vorstoß.

»Und wenn ich aber was geplant hätte, dann hätten wir jetzt ein Problem gehabt.«

»Ich glaube, das haben wir auch so«, murmelt er leise.

Ja, damit hat er recht, aber anders als gedacht. Denn eigentlich liegt das Problem darin, dass seine Freundin ganz automatisch über seine Zeit verfügt und von ihm verlangt, dass er das akzeptiert, und wenn nicht, sich dafür entschuldigte.

Genauso handeln Generationen von Männern. Selbst wenn sie eigene Kalender führen, fragen sie ihre Frauen, Sekretärinnen, Assistentinnen, Teilhaberinnen: »Steht an dem Tag was im Kalender?« Gerade so, als hätten sie keinen Code, um die Daten abzurufen. Und ja, es ist praktisch. Er muss sich keinen Termin merken, die Frau merkt sich alles, auch den Zahnarzt und die Lehrersprechstunde, die Eigentümerversammlung, den Hochzeitstag der Eltern und wann der Wagen zum TÜV soll, die Heizung abgelesen wird. Damit bindet sie Energie, die sie für anderes nutzen könnte. Also wieso tut sie das? ... Wieso tust *du* es, wenn du es tust?

Die faire Verteilung von Mental Load in Beziehungen – also der Belastung, die durch die Organisation von alltäglichen, unsichtbaren Aufgaben entsteht – wird immer mehr zum Beziehungskiller. War es früher selbstverständlich, dass Frauen ihren Männern »den Rücken freihielten«, machen sie es heute vielfach auch noch, aber oft auch, um sich selbst den Rücken freizuhalten – nach dem Motto »Wenn ich mich darum kümmere, dann bin ich sicher, dass es erledigt wird«. Das hat Vorteile. Aber eben auch den Nachteil, dass der Partner sich nach und nach darin einrichtet und immer passiver wird; und dann wird's irgendwann schief.

Und es gibt noch einen anderen Anteil, der mit hineineinspielen kann. Frage an dich: Könnte es sein, dass ein Deal dahintersteckt, von dem dein Partner vielleicht gar nichts weiß? Du hast den Vertrag sozusagen gleich für ihn mit unterzeichnet? Der Deal sieht so aus: »Wenn ich schon so viele Alltagspflichten für meinen Partner organisiere, habe ich auch das Recht, über den Rest zu bestimmen, den er ja nur zur Verfügung hat, weil ich alles andere erledige. Und das erledige ich auch, weil ich so viel Quality Time wie nur möglich für uns schaffen möchte.«

Was der junge Mann im Auto, der mit seinen Freunden kajaken möchte, schließlich auch vermuten kann. Und das mag ihm schmeicheln: »Ich bin ihr so wichtig, dass sie im März schon traurig ist, wenn wir uns das letzte Maiwochenende nicht sehen.« Er könnte sich aber auch eingeengt fühlen. Je nachdem könnte er in den Tiefstatus gehen und sich entschuldigen oder in die Offensive und ihr erklären, dass es sie nichts angehe, wenn er sich mit Freunden verabrede. Als kluger Mann wird er das jedoch unterlassen, sonst wird nicht nur die Heimfahrt sehr ungemütlich, sondern auch der darauffolgende Sonntag.

In unzähligen Coachings habe ich es noch nie erlebt, dass ein Mann die Zeit seiner Frau verplant ... Aber Frauen versuchen es wieder und wieder, auch wenn es nichts bringt. Manche Männer reagieren mit indirekter Kriegsführung auf die Angriffe auf ihre

Zeit. Trotz bester Absichten, so sagen sie, rutscht ihnen immer wieder was durch. Die Frauen wissen das und schreiben deshalb eine WhatsApp: »Heute Abend die Party, du denkst dran?« – »Klar«, schreibt er zurück. Doch das hat nur eine sehr kurze Haltbarkeit, denn er hat aus der Konferenz heraus geschrieben. Dann: »Wie, eine Einladung? Heute? Davon weiß ich nichts.«
»Ich habe es dir doch gesimst, dir Bescheid gesagt, wir haben darüber gesprochen.«
»Tut mir leid, ich erinnere mich nicht.«

Wenn das häufiger vorkommt, kann eine Frau, die zur Terminhoheit auch die Verantwortung für die Gesundheit des Mannes übernommen hat, auf die Idee kommen, eine Gedächtnissprechstunde aufzusuchen. Also mit ihm, damit sie sichergehen kann, dass er Termine nicht mehr vergisst ... Doch häufig verbirgt sich keine Gedächtnislücke hinter dem Vergessen, sondern passiver Widerstand. Der Mann möchte nicht zu der Party oder zu einem Familienfest, er hat keine Lust auf die Elternsprechstunde. Also »vergisst« er diese Termine.

Wenn dieser Verdacht besteht, sollte dringend über das Thema »Autonomie« gesprochen werden. Denn wir Frauen sollten nicht vergessen, dass Männer *happy wife, happy life* bevorzugen und uns deshalb vielleicht mit versehentlichem Vergessen abspeisen, statt in die Konfrontation zu gehen. Einer solchen wird er jedoch nicht entkommen, aufgeschoben ist nicht aufgehoben. Denn irgendwann fühlt sich auch die verständnisvollste Frau gekränkt, nicht wertgeschätzt, veräppelt. Das ist absolut nachvollziehbar, doch vielleicht fängt das Problem in einem blinden Fleck an. Dort, wo die Frau in die Zeit des Mannes eintritt, übertritt und ihn zu Terminen »überredet«, die er gar nicht wahrnehmen möchte. Mit seinem Verhalten versucht er, sich auf sanfte Weise dieser Fremdbestimmung zu entziehen. Auf sanfte Weise sollten auch die Ursachen besprochen werden: »Wo fühlst du dich überfordert? Welches Bedürfnis möchtest du in deiner freien Zeit erfüllen?« Und schließlich als Frau klar zu formulieren, dass wir keine Lust haben, für den Papierkorb zu organisieren.

Letztlich geht es darüber hinaus darum, zu klären, wer Verantwortung für was hat. Auch in einer Beziehung trägt jeder die Verantwortung für sich selbst. Gemeinsame Bereiche, wie zum Beispiel bei den Kindern, dem Haus, der Steuer und so weiter sollte man fair aufteilen, und zwar aktiv und nicht, wie es sich so einfach ergibt. Denn selten kommt es von allein so, dass wirklich beide damit zufrieden sind.

Männer zum Spielen schicken

Nicht alle Termine, die Frauen für Männer verabreden, sind Pflichtveranstaltungen – glauben Frauen. Viele von uns fühlen sich auch für die Sozialkontakte unserer Männer verantwortlich und fordern sie auf: »Ruf doch mal wieder deinen Freund X an.« Oder: »Magst du dich nicht mal wieder mit Y treffen?«

Nein, mag er nicht, sonst würde er es ja tun. Aber wir glauben, wir müssten ihm dabei helfen, seine Sozialkontakte zu pflegen. Wenn wir mal ganz ehrlich sind, tun wir das aber manchmal vielleicht auch, um mal einen Abend allein zu Hause zu genießen. Oder kein schlechtes Gewissen zu haben, weil wir mit unseren Freundinnen um die Häuser ziehen? Damit der arme Mann nicht allein auf dem Sofa sitzt? ... Und wenn er das genießen würde?

Ich glaube, dass jeder Mann schon mal von seiner Frau zum Spielen geschickt wurde. Nicht nur mit Bekannten, sondern auch mit Unbekannten:

»Schatz, wir haben neue Nachbarn, geh doch mal rüber, und red mit denen, der Mann sieht ganz sympathisch aus. Der könnte dir liegen.«

»Keine Lust.«

»Aber es wäre doch schön, wenn du hier im Haus einen Kumpel hättest, vielleicht spielt der auch Tischtennis? Und du hättest wieder einen Sparringspartner?«

»Häh?«, mag der Mann da zu Recht fragen. Ist er ein Kindergartenkind, das Schwierigkeiten hat, Anschluss zu finden? Wenn er jemand kennenlernen will, kann er das selbst entscheiden. Nein, kann er nicht, glaubt die Frau, die für ihn entscheidet. Ihrer Meinung nach braucht der Mann Freunde. Er hängt sonst nur vor seinem Rechner rum, das tut ihm nicht gut. Ist auch nicht gesund. Vielleicht teilt der neue Nachbar seine Interessen? Das wäre doch schön ..., denken Frauen für Männer und übertragen ihr Bedürfnis nach Austausch und sozialen Kontakten auf sie.

Wir können uns nicht vorstellen, dass man auch ohne viel Kommunikation zufrieden und glücklich sein kann, weil wir es in der Regel nicht ganz so gut können oder wollen. Wir sehen keine Männer im Lot, sondern Mängelexemplare, die im Grunde ihres Herzens todtraurig und einsam sind, weil sie so wenige Möglichkeiten haben, sich auszutauschen. Wir halten uns vielleicht für großzügig, wenn wir ihnen zugestehen, dass sie sich nicht nur mit uns austauschen sollen. Sie sollen auch mit anderen spielen dürfen, und da sie das nicht freiwillig tun, schicken wir sie.

Doch den meisten Männern reichen ihre etwa drei Buddys. Mit denen muss man auch nicht täglich oder wöchentlich telefonieren, sondern wenn einem gerade danach ist oder morgen. Einmal im Monat, einmal im Vierteljahr. Alles bestens.

Er ist nicht verhaltensgestört, er hat kein Kommunikationsproblem. Er kann selbst für sich sorgen. Und wenn wir für eine Woche mit einer Freundin wellnessen, brauchen wir ihm keine Vorschläge zu unterbreiten, wie er diese Zeit ohne uns nutzen kann: »Ruf doch mal den Dings an, vielleicht könnt ihr wandern gehen!« Oder: »Du wolltest doch den Dings mal besuchen?« Nein, wollte er nicht, sonst hätte er es ja getan.

Wir sorgen uns, die Männer könnten vereinsamen. Wir empfehlen: »Frag den Dings, ob das mit seinem neuen Job geklappt hat« Oder: »Hast du dich schon bedankt bei dem Dings wegen der Info?« Nein, hat er nicht. Ist nicht nötig. Dings wäre sehr erstaunt, wenn er es täte. So was macht man nicht, das ist ja gerade das Tolle an der Verbindung.

Wir Frauen denken, die müsste gut gepflegt werden. Männer macht so was misstrauisch. Läuft doch. *Never change a running system.* Und wenn der Kumpel um Mitternacht anruft, weil er am Gardasee abgeholt werden muss, fahren sie los, holen ihn und brauchen am nächsten Tag keine Dankesmail.

Es ist immer ein schmaler Grat zwischen Anregungen geben und übergriffig sein. Deshalb sollten gerade wir Frauen immer mal wieder kurz innehalten. Bevor wir etwas sagen. Und uns vergegenwärtigen, dass wir mit einem Mann sprechen, nicht mit einer Frau. Oder mit einem Kind. Wir sind nicht dafür zuständig, den Mann mit Sozialkontakten zu versorgen. Aber genau das ist unsere gute Absicht. Wir denken, der Mann brauche das, weil wir das brauchen. Dabei übersehen wir, wenn wir ehrlich sind, dass das extrem übergriffig ist. Der Mann ist erwachsen und kann sich selbst mit Freunden versorgen, dafür braucht er uns nicht. Und wenn er es tut, kann er es auf seine Art und Weise tun, er muss seine Sozialkontakte nicht so handhaben wie wir. Er ist anders, und das soll er bitte bleiben dürfen. Und wenn er unserem Ratschlag einmal folgt und das ein Erfolg wird, müssen wir ihm das nicht ständig aufs Brot schmieren.

Ich weiß, das ist eine schwierige Challenge für viele Frauen; doch diejenigen, die sie meistern, merken, dass das Loslassen der Verantwortung für die Sozialkontakte des Partners sehr entlastend wirkt. Wir sind dann einfach nicht mehr dafür zuständig. Wir konzentrieren uns auf uns selbst, auf unsere Freunde und Bekannten und haben auch mehr Zeit für sie.

Sturmfrei!

Hin und wieder höre ich im Coaching, dass sich eine Klientin mehr Zeit für sich selbst wünscht. Gerade wenn sie mit Partner oder Familie in beengten Verhältnissen lebt – und die Mieten in Großstädten sind oft sehr teuer –, freut sich frau, wenn sie die Wohnung mal für sich allein hat. Die Musik laut aufdrehen, tanzen, es genießen, allein zu sein, mit Freundinnen im Wohnzimmer telefonieren statt im Schlafzimmer ... »Ich liebe die Dienstag- und Donnerstagabende! Da ist mein Freund immer im Training«, gestand eine Klientin neulich und fragte besorgt, ob das eine schlechte Prognose für ihre Beziehung sei.

»Im Gegenteil«, erwiderte ich. »Wer gut allein sein kann, missbraucht den Partner nicht als Ablenkungsmanöver.« Und das braucht man auch nicht zu verschleiern, sondern darf es sagen: »Ich bin gern allein.« Wieso sollte der Partner gekränkt darüber sein? Es entlastet ihn doch, wenn er die Gewissheit hat, dass die Partnerin nicht ins Kissen schluchzt. Wenn sie sich traut, den Wunsch nach Zeit für sich zu äußern, statt ihn aus dem Haus zu manipulieren. Besser ist das Gespräch, in dem man sein Bedürfnis nach mehr Freiraum darlegt, statt den Partner unter dem Deckmäntelchen der Fürsorge quasi wegzuorganisieren.

Ja, es ist gar nicht so einfach, die eigenen Wünsche und Bedürfnisse wahrzunehmen und klar zu äußern. Das lernen Frauen erst in den jüngeren Generationen wirklich. Viele von uns haben noch verinnerlicht, dass sie ihre Wünsche nicht offen formulieren sollten – und schon gar nicht, wenn es eher männliche Bedürfnisse sind, zum Beispiel nach Freiraum. Also versucht frau, sie indirekt an den Mann zu bringen. Aber das kommt oft nicht an oder erwischt ihn auf dem falschen Fuß. Es ist zudem manipulativ und löst das Problem nicht. Denn wenn der andere nicht auf die Manipulation reagiert, verschärft sich der Konflikt.

Im Coaching übe ich nicht selten mit Klientinnen den direkten Weg: »Ey, Schatz, ich liebe dich, aber ich brauch heute echt mal einen Tag für mich.« Ich kenne keinen Mann, der einen solchen Satz nicht versteht. Vielleicht hat er ihn schon zwanzigmal gedacht und sich noch nie zu äußern getraut …

DREI FRAGEN, DIE DICH WEITERBRINGEN

- Kannst du grundsätzlich gut mit dir allein sein?
- Wie viel Zeit von ihm, von dir, muss als Minimum gemeinsam verbracht werden? Verteil mal Prozente. Seht ihr es ungefähr gleich?
- Wenn du mehr willst als er, woran liegt es, und ist es okay, dass er weniger braucht? Kannst du das liebevoll akzeptieren?

Liebe! Meine! Familie!

Wenn du mich liebst, dann liebst du auch meine Familie.
Ich bin nicht mit deiner Mutter verheiratet.
Urlaub machen wir auf jeden Fall alle zusammen mit meinen Eltern.
Ich bin nicht dein Vater.

Marie war ein Familienmensch wie aus dem Bilderbuch. Ihre Familie ging ihr über alles. Deswegen wollte sie diese auch unbedingt mit ihrem Freund teilen. Doch der war nicht so begeistert von ihrem lustigen jüngeren Bruder, den liebevollen, fürsorglichen Eltern und den Backkünsten der Mutter. Und das konnte Marie nicht verstehen. Sie hatte die tollste Familie auf der Welt. Warum war ihr Freund so stur und wollte nicht mit? Weder am Mittwoch noch am Sonntag. Das waren Maries Familientage, ihre Highlights ihrer Woche.

»Bist du mit mir zusammen oder mit deiner Familie?«, fragte er sogar, als ob man sich da entscheiden müsste. Er gehörte jetzt doch auch dazu, weil er ihr Freund war. »Ein zweiter Sohn«, hatte ihre Mutter ihn genannt, und die Eltern rechneten fest damit, dass

Marie und er bald zu ihnen zogen. Die Einliegerwohnung wurde gerade renoviert, später, wenn sie mal Kinder hätten, könnten sie auf dem Grundstück ein eigenes Haus bauen. Etwas Schöneres konnte sich Marie nicht vorstellen.

Ihr Freund wohl schon, denn er trennte sich von ihr, was Marie überhaupt nicht verstand und weshalb sie zu mir ins Coaching kam. Sie wollte herausfinden, was in der Kindheit ihres Freundes falsch gelaufen war, weil er so brüsk auf Liebe reagierte. Dass ihr Freund in Wirklichkeit eher einen Kampf um Beziehungsautonomie versus Familienassimilation geführt hatte, war für sie kaum nachzuvollziehen, denn für sie gehörte beides untrennbar zusammen. Dass man es auch anders sehen kann und darf (!), diese Sichtweise konnte sie erst in der dritten Session allmählich zulassen.

Eine andere Klientin, Elli, wusste von Haus aus, dass sie sich nicht wohl in der Familie ihres Mannes fühlte. Als sie jedoch trotz zweier Kinder wieder intensiv berufstätig sein wollte, zog ihre Familie in die Nähe der Schwiegereltern – als Back-up für die Kinderbetreuung. Ihre Schwiegermutter hatte allerdings völlig andere Auffassungen über die Art der Erziehung ihrer Enkel. Und sie hatte natürlich recht, denn sie hatte den tollsten Sohn aller Zeiten. Da konnte Elli wohl kaum widersprechen, sie liebte ihren Mann ja. Aber eben nicht seine Mutter, auf die sie jedoch angewiesen war wegen der Kinderbetreuung. Ein Teufelskreis!

Mit der Zeit entwickelte sich der Klassiker, ein regelrechter Stellvertreterkampf: Wer ist die bessere Mutter? Ellis Mann stand zwischen den Fronten und wurde sukzessive aufgerieben. Egal, wie er sich verhielt, es war immer falsch. Elli erwartete Loyalität und seine Mutter auch. Die Ehe der beiden geriet zunehmend in eine Schieflage.

Am Ende zahlte Elli einen hohen Preis dafür, die Schwiegermutter loszuwerden, indem sie ihren geliebten Job kündigte, um wegen der Kinder kein schlechtes Gewissen zu haben. Denn jetzt war die Schwiegermutter so entrüstet, dass Elli ihr ihre Enkel entzogen hatte, wie sie es formulierte, dass sie ihren Sohn unter Beschuss nahm und ihm lange Klagenachrichten schickte, wie sehr sie ihre Enkel vermisse und dass Elli ihr mit Absicht wehtun würde! Der brave Sohn versuchte Elli zu überreden, die Kinder doch wieder zu seiner Mutter zu geben. Langer Rede kurzer Sinn: Darüber zerbrach am Ende ihre Ehe.

»Ohne diese Mutter wären wir heute noch zusammen«, war Elli sich sicher. Ins Coaching war sie zur Vorbereitung gekommen, weil sie nach einer längeren Pause einen neuen Job antreten wollte. Die Kinder waren mittlerweile beide in der Schule, und Elli hatte ein Au-pair-Mädchen eingestellt.

Auch ohne physische Präsenz kann die Herkunftsfamilie eine tragende Rolle in einer Beziehung spielen. Sie bietet sich ideal an für Verstrickungen aller Art bei den Themen »Liebe«, »Geborgenheit« und »Selbstverständnis«. Gerade an Feiertagen treten sie zutage, weshalb die Medien das Thema »Wie vermeiden Sie Familienstreitigkeiten?« gerade zur ach so friedlichen Weihnachtszeit alljährlich aufgreifen. Der Zwist beginnt oft lange davor. Manche Schwiegereltern machen einen Wettbewerb, nein, ein Drama daraus, bei wem der 24. und bei wem der 25. Dezember verbracht werden soll. Nein, muss. Letzterer ist natürlich die zweite Wahl und führt zu bitteren Enttäuschungen. Diesbezüglich habe ich schon Geschichten gehört, die ich nicht erfinden könnte, und an Fantasie mangelt es mir gewiss nicht.

Wenn die eigenen Familienverstrickungen nicht auseinandergedröselt sind, bevor man eine Beziehung eingeht, können sie die ganze Beziehung bestimmen. Man wird vielleicht nie komplett reinen Tisch mit seiner Vergangenheit machen können. Je nach Lebensalter ploppen immer mal wieder neue Themen auf oder kommen in anderem Gewand daher. Doch es ist eine Grundsatzfrage, ob man sich einmal damit beschäftigt hat, was man an Unbearbeitetem aus Kindheit und Jugend mitgenommen hat und was davon man in eine Paarbeziehung überträgt.

Wo liegen meine Wurzeln?

Die Art, wie wir aufgewachsen sind, welche Menschen uns begleitet haben, unsere Herkunftsfamilie insgesamt prägt unsere Sicht auf die Welt. Wie wir Dinge bewerten, welche Gefühle wir entwickeln, was wir über bestimmte Themen denken. Oft weiß man gar nicht so genau, was man alles »mitbekommen« hat. Es ist ein bisschen wie eine Spurensuche, wenn man als erwachsener Mensch die Eltern und Großeltern beobachtet und manchmal denkt: »Aha, das könnte von ihr oder ihm stammen.« So wie eine Augenfarbe, ein Talent. Und ja, wie auch gewisse Vorstellungen darüber, wie ein Haushalt zu führen ist. Vielleicht setzt man solche Traditionen auch gern fort und freut sich, falls die eigenen Kinder sie übernehmen. Das bedeutet, dass der Mann dieser Frau ein Stück weit auch mit ihrer Mutter und Großmutter und so weiter zusammen ist. Also mit den Anteilen davon, wie auch der Mann Anteile seiner Herkunftsfamilie, seiner Mutter und seines Vaters, Großvaters und so weiter in sich trägt.

Das ist normal. Wenn dieses normale Maß jedoch überschritten wird, wenn die Ablösung vom Elternhaus nicht gelungen ist, dann kann das zu vielfältigen Beziehungsproblemen führen. Denn in unseren ersten zwei Jahrzehnten entwickeln wir auch klare Vorstellungen darüber, wie ein Mann, eine Frau und eine Beziehung zu sein haben. Oder eben wie er/sie auf keinen Fall sein sollte, wenn der Vater beispielsweise gewalttätig war. Eine solche Tochter wird einen friedfertigen, vielleicht sogar konfliktscheuen Mann suchen, auch das ist ein Anspruch an ihre Beziehung, mit dem sie die Gesamtpersönlichkeit ihres Partners einengen könnte. Wobei nichts gegen Friedfertigkeit zu sagen ist, doch wenn der Partner einmal wütend ist und ihm das als extreme Aggression ausgelegt wird, kann er irgendwann das Gefühl haben, in dieser Beziehung nicht er selbst sein zu dürfen.

Leider begegnet mir auch immer wieder der umgekehrte Fall, dass sich eine Frau einen Mann aussucht, mit dem sie ungesunde Beziehungsmuster aus ihrer Kindheit wiederholt. Also dass ihr Partner genauso kühl und unnahbar ist, wie ihr Vater war. Und darunter leidet sie dann. Die verquere Logik, die dahintersteckt, lautet: Wenn ich es schaffe, dass dieser Eisblock von Mann schmilzt und ganz warm, weich und zugewandt wird, dann heilt das die Wunde der Ablehnung aus meiner Kindheit. Die aktuelle Beziehung wird quasi zum Imitat der Kind-Vater-Beziehung, aber diesmal bitte mit Happy End.

Doch das funktioniert nicht. Eine Mangelkindheit ist im Nachhinein nicht heile, heile Segen, alles wieder gut. Ich kann allerdings lernen, mit ihr umzugehen. Wenn ich das nicht schaffe, trage ich diese unbefriedigten Erwartungen von damals in meine aktuelle Beziehung; und sollte diese sie nicht erfüllen – denn das kann sie ja nicht –, wiederholt sich dasselbe Muster aus der Kindheit: Ich fühle mich wieder nicht gesehen, geliebt, ich erlebe wieder den Mangel an Wärme und Geborgenheit von damals, die ich so unbedingt gestillt haben möchte.

Ohne Abnabeln kein Anfang

Richtig schön Streit kriegt man in einer Beziehung, wenn man Sätze sagt wie »Du bist wie mein Vater« oder »… wie meine Mutter«. Damit crasht man die Individualität des Partners oder der Partnerin und holt sich eine Generation in die Beziehung, die man eigentlich überhaupt nicht drinhaben will. Davon abgesehen bedeutet der Satz »Du bist wie deine Mutter«, gerichtet an seine Frau, dass der Mann mit ihrer Mutter ins Bett geht. Auch andersrum wird es schwierig, wenn zum Beispiel der neue Partner am Vorbild Vater gemessen wird.

Wenn Klientinnen zu mir kommen, denen solche Verstrickungen in ihrer Beziehung immer wieder begegnen, ist es allerhöchste Zeit, sich das Verhältnis zur eigenen Familie intensiv anzuschauen. Die Natur hat uns die Pubertät aus einem guten Grund geschenkt: Abnabelung. Davor versuchen wir, es unseren Eltern recht zu machen. Wir wollen geliebt, gesehen, anerkannt werden, wir brauchen das von außen, um uns psychisch gesund zu entwickeln.

In der Pubertät dreht sich das. Sie schießt uns förmlich in einen Abnabelungsprozess hinein – mit dem Ziel, dass wir uns zu selbstständigen Erwachsenen entwickeln. Wenn dieser Prozess, aus welchen Gründen auch immer, nicht klappt, schleppen wir die Teile oder Themen aus der Herkunftsfamilie, falls wir Pech haben, durch unser ganzes weiteres Leben.

Das müssen nicht immer schlimme Themen sein, doch wenn sie glückliche Paarbeziehungen boykottieren oder unmöglich machen, sind sie natürlich sehr belastend. Wir können uns nicht richtig auf unsere Beziehung einlassen, weil wir mit Fasern der Nabelschnur noch an unserer Herkunftsfamilie hängen.

Ich erinnere mich an eine Klientin Anfang sechzig, Cordula, die regelrecht verzweifelt um die Unabhängigkeit von ihrer Mutter rang. Das ist kein Einzelfall. Ob dreißig, vierzig oder weit darüber hinaus – Nabelschnüre sind sehr lange haltbar, wenn man sie nicht sauber gekappt hat. Was nicht bedeutet, die ganze Beziehung zur Mutter, zur Familie abzubrechen. Es geht darum, sie dahin gehend zu verändern, dass man als erwachsener Mensch auf seinen eigenen Beinen steht.

Cordulas Mutter verlangte Zeit ihres Lebens von ihrer erwachsenen Tochter, dass sie sich regelmäßig meldete. Nicht die Mutter rief an, nein, das musste Cordula tun. Und Cordula tat es, obwohl sie es hasste. Aber wenn sie es nicht machte, wurde ihr schlechtes Gewissen so groß, dass sie mehr darunter litt als unter einem tatsächlichen Telefonat, und das war extrem unangenehm für sie. Sie wusste nicht, was sie ihrer Mutter erzählen sollte, weil diese sich über egal, was Cordula sagte, Sorgen machte, und litt an ihren Vorwürfen, nicht nett genug zu der nun alten Dame gewesen zu sein. Aber das war auch schon so gewesen, als ihre Mutter fünfzig und sechzig war. Nun sah sie ihrem achtzigsten Geburtstag entgegen.

»Da hat dich deine Mutter ja super programmiert«, äußerte ich anerkennend.

»Wie meinst du das?«, fragte Cordula.

»Na, wenn du sie so brav anrufst.«

»Das sagt mein Mann auch«, seufzte Cordula. »Er nennt das ›vorauseilenden Gehorsam‹. Aber ich rede nicht mehr mit ihm über meine Mutter. Er erträgt das nicht mehr.«

Das konnte ich mir vorstellen, schließlich waren die beiden seit dreißig Jahren verheiratet. Oder die drei? Denn Cordulas Mutter war in gewisser Weise immer mit von der Partie gewesen – als dunkle Wolke, die über Cordulas eigener Familie schwebte. In den ersten Jahren hatte ihr Mann noch zugehört, wenn sie ihm ihr

Herz ausschüttete, weil ihre Mutter sie schier wahnsinnig machte. Dass ihre Mutter dies und jenes einforderte, obwohl sie doch wissen müsste, dass Cordula mit zwei kleinen Kindern zu Hause keine Zeit dafür hatte. Aber die Mutter ließ ihre Tochter nicht aus ihrer Kontrolle und bewies sich dadurch, dass sie noch immer Macht über sie hatte. Daran hatte sich nichts geändert, wenngleich Cordula nun sechzig und ihre Kinder volljährig waren.

Cordula schämte sich vor ihrer eigenen Familie, weil das Thema »Mutter« sie immer wieder auf die Palme brachte. Aber sie bekam es nicht in den Griff. Deshalb hatte ihre beste Freundin, die den Mutterklotz auch kaum mehr ertrug, Cordula ein Coaching bei mir geschenkt. Last Exit Casy, sozusagen. Denn nun, wo die Mutter immer gebrechlicher wurde, würde es sonst gar nichts mehr werden mit einer ... ja, Abnabelung.

Die war auch dringend nötig, denn Cordulas Beziehung zu ihrem Mann war in eine Schräglage gerutscht, weil sie im Urlaub den Wecker gestellt hatte, um pünktlich um acht Uhr dreißig allmorgendlich ihre Mutter anzurufen. Das war der Tropfen für Cordulas Mann gewesen, der das Fass zum Überlaufen brachte, nach Jahrzehnten.

»In deinem Leben steht deine Mutter auf Platz eins«, stellte er fest. Und hatte recht damit. Das Schlimme daran war, dass Cordula das ja nicht wollte. Dass sie selbst darunter litt.

Mitgift

Wenn wir unsere Elternbeziehung, sofern sie schwierig ist, nicht bearbeiten, entsteht Chaos. Eine Mutter gehört nicht auf Platz eins, dorthin gehörte Cordula in ihrem Leben. Platz zwei gebührte ihrer eigenen Familie, also Mann und Kindern, wenngleich auf Platz zwei meistens die Kinder stehen und auf Platz drei der Mann. Danach sollte mal eine Weile gar nichts kommen, dann die Herkunftsfamilie und andere Menschen. Eine Mutter für immer auf Platz eins ist nicht gesund. Und das merkte Cordula, die mittlerweile Herzrasen bekam, wenn sie nur daran dachte, dass sie ihre Mutter anrufen musste.

Sobald wir die Reihenfolge der Wichtigkeit uns nahestehender Menschen geklärt haben, können wir besser mit ihren Anforderungen an uns umgehen. Diese Ordnung müssen wir einmal herstellen, um Überforderung vorzubeugen.

»Aber was soll ich denn sagen, wenn meine Mutter mich bittet, kurz bei ihr vorbeizukommen, weil sie meine Hilfe für irgendetwas braucht?«, fragte Cordula mich. »Wenn ich sage, dass ich keine Zeit habe, kriegt sie diese schlimme Stimme. Sie sagt zwar: ›Ja, das verstehe ich‹, aber das stimmt nicht. Sie ist gekränkt, verletzt, beleidigt, was weiß ich. Wenn ich dann auflege, fühle ich mich schrecklich und rufe gleich wieder an und versichere, dass ich doch komme. Dann hasse ich mich selbst und werde wütend auf sie. Stundenlang geht mir so ein Telefonat durch den Kopf.«

»Du könntest beim ersten Telefonat einen anderen Termin in Aussicht stellen, an dem du sie gewiss besuchst«, schlug ich Cordula vor.

»Am liebsten würde ich nie hingehen«, brach es aus ihr heraus.

Was für eine Last hatte diese sechzigjährige Frau mit ihrer Mutter durch ihr Leben geschleppt – und würde sie schlimmstenfalls weiterschleppen!

Wir arbeiteten an Erleichterungen. Wenn Cordula das nächste Mal bei der Mutter wäre, würde sie kürzer bleiben als gewöhnlich. Falls die Mutter klagen würde, dass sie einsam wäre, würde Cordula sie dabei unterstützen, Kontakt zu Menschen zu knüpfen.

»Niemals! Das will sie nicht. Das schlage ich ihr doch schon seit Jahren vor. Sie sagt: ›Das sind Fremde, das ist keine Familie.‹ Und wie glücklich sie ist, dass sie eine Tochter hat.«

Ja, Cordula war für das Leben ihrer Mutter verantwortlich. Was für eine Bürde! Das wurde ihr nun auch klar, was ihr die Kraft gab, Abgrenzung zu üben. Tatsächlich gelang es ihr im Folgenden, Zeiträume zu verschieben. Sie rief nicht mehr um acht Uhr dreißig an, sondern um acht Uhr vierzig, fünfzig, einmal erst um neun. Die Mutter kommentierte das nicht, was Cordula zuerst verunsicherte, dann erleichterte. Allmählich begann sie, die Beziehung zu ihrer Mutter mitzugestalten, statt ihrem Diktat zu folgen, und das war auch dringend nötig.

Cordula wirkte sehr abgekämpft auf mich durch diese jahrzehntelange Belastung. Fakt war, dass sich das Verhältnis von Mutter und Tochter irgendwann gedreht hatte. Cordula war zur Mutter ihrer Mutter geworden. Es ist aber ein Riesenunterschied, ob man ein Kind hat oder als Tochter die Mutter als Kind verspätet annimmt. Ein Kind ist total niedlich, und das Herz geht einem auf, wenn man sich darum kümmert. Es lacht, es strahlt einen an und sagt:»Mama, du bist die Beste.« Man kriegt ganz viel Positives zurück. Von der älteren Mutter hört man, wenn man Pech hat, vor allem Vorwürfe:»Schön, dass du dich auch mal wieder meldest. Ich hatte schon geglaubt, du hast mich vergessen.«

Wer schießt auf Bambi?

Cordulas Mutter kettete ihre Tochter selten mit Vorwürfen an sich. Sie fuhr eine andere Strategie, die enorm erfolgreich ist. Sie war zutiefst dankbar für jede kleinste Geste, womit sie Cordulas schlechtes Gewissen erst recht befeuerte. Wie sollte sie es übers

Herz bringen, ihrer alternden Mutter mitzuteilen, dass sie nur noch einmal in der Woche vorbeikommen wollte, wo diese Frau, nachdem Cordulas Vater vor fünf Jahren gestorben war, mutterseelenallein den ganzen Tag in ihrer Wohnung saß? Wie sollte sie ihrer Mutter sagen, dass sie gern eine sechswöchige Amerika-Tour mit ihrem Mann machen wollte, jetzt, wo die Kinder ausgezogen waren?

Ach, meine liebe Tochter, es ist so schön, dass du dich um mich kümmerst. Ich wüsste gar nicht, was ich ohne dich tun sollte. Ich bin so dankbar, dass ich dich in meinem Leben habe.

Man könnte der Mutter jetzt eiskalte Manipulation unterstellen, doch damit täte man ihr Unrecht. Ja, es ist Manipulation. Aber nicht unbedingt »eiskalt«. Diese Strategien werden zumindest anteilig oft auch unbewusst eingesetzt. Hilflosigkeit, so der Name, ist den Frauen ohnehin über Jahrhunderte zugeschrieben worden. Es war oft ihre einzige Chance, vom Mann das zu bekommen, was sie brauchten. *Hilf mir! Ich kann nicht. Bitte, bitte!* Gern ließ der starke Kerl sich da herab, dem kleinen hilflosen, schwachen Wesen zu helfen, das machte ihm ein gutes, starkes, überlegenes Gefühl. Auf dieser Nicht-Augenhöhe bestanden Paarbeziehungen durch die Jahrhunderte. Hilflosigkeit, das muss man anerkennen, ist eine enorm erfolgreiche Strategie. Man brüllt niemanden an, der ohnehin schon auf dem Boden liegt. Daher rührte auch Cordulas Beißhemmung. Wenn etwas im Gewand von Hilflosigkeit und Schwäche daherkommt, ist es unfassbar schwer, Grenzen zu setzen. Wir können hässliche Monster erschießen, aber Bambi kann keiner töten.

Seit Cordulas Vater gestorben war, wurde sie noch härter rangenommen durch Mutters Hilflosigkeit. Man könnte drastisch sagen, dass Cordula an die Stelle ihres Vaters, also des Ehemanns der Mutter, gerückt war. Früher hatte Papa die Probleme seiner Frau gelöst, jetzt war das Cordulas Job, der sie gnadenlos überforderte. Das zeigte sich auch in ihrer Antwort, als ich sie fragte, was wäre, wenn ihre Mutter tot wäre.

»Dann wäre ich unendlich erleichtert«, antwortete sie aufrichtig und schämte sich dafür. Und nur fürs Protokoll: Dafür musste sie sich nicht schämen. Denn es bedeutete ja nicht, dass Cordula ihrer Mutter den Tod wünschte, sondern dass der Tod diesem permanenten Kampf ein Ende setzen würde, den sie so müde war zu kämpfen.

Cordulas Mutter lud immer neue Lasten auf die Schultern ihrer Tochter. Als ihr Mann noch lebte, teilte sie jede kleinste Befindlichkeitsstörung mit ihrer Tochter: »Dem Papa geht es heute gar nicht gut.« So hielt sie Cordula in einer permanenten Habtachtstellung. Wenn sie Cordula sehen wollte, brauchte sie nur kummervoll zu seufzen: »Ich weiß nicht, ob der Papa ...« Das bedeutete, der schlimmste Fall könnte eintreten. Das Wort »Tod« wurde niemals ausgesprochen, es war zu schrecklich für Cordulas Mutter, sich vorzustellen, ohne ihren Mann zu sein. In Wirklichkeit stellte sie sich, von Sorgen schier zerfressen, rund um die Uhr nichts anderes vor.

Man nennt es »Triangulierung«, wenn ein Dritter in eine Zweierbeziehung hineingezogen wird. Als Kind gehörte Cordula aber nicht in die Verantwortung der elterlichen Beziehung. Die übernahm sie jedoch nach dem Tod des Vaters noch mehr, genauso, wie es sich ihre Mutter erhofft hatte, die ohne Papa ja noch orientierungsloser durch ihr Leben waberte. Hin und wieder übernehmen auch Söhne diese undankbare Rolle, doch das ist selten. Ich glaube, das liegt daran, dass Frauen immer noch mehr zum Kümmern erzogen werden. Das sehen wir auch in allen sozialen Berufen, sie gelten als Frauenberufe.

In Cordulas Ehe kam es wegen der Mutter immer häufiger zum Streit. Cordula musste ernsthaft befürchten, ihren Mann zu verlieren, der zu der Zeit geschäftliche Probleme hatte und sich völlig allein gelassen fühlte. Sie kümmerte sich ja nur um ihre Mutter.
»Das stimmt nicht. Ich sehe sie viel seltener als früher«, verteidigte sie sich.
»Du bist von ihr besessen wie vom Teufel.«
So kannte Cordula ihren Mann nicht. Sie liebte ihn, und auch das gab ihr Kraft, das leidige Thema nun endlich anzugehen. Sie durchschaute den Hochstatus ihrer Mutter und ihren eigenen Tiefstatus, ohne deswegen ihre Mutter zu verurteilen.

Es geht im Coaching nie darum, jemanden schlecht- oder kleinzumachen, sondern darum, die Mechanismen zu verstehen und zu entmachten, die uns in ungesunden Beziehungen halten. Frauen aus der Generation von Cordulas Mutter haben es in der Regel nicht gelernt, Stärke zu zeigen, Macht auszuüben. Sie sind eher trainiert, ihre Ziele mit Schwäche zu erreichen. Cordula würde ihre achtzigjährige Mutter nicht mehr ändern können, dazu war es zu spät. Aber sie konnte für sich selbst noch etwas verändern und vor allem viel lernen für ihr eigenes Alter und die Abgrenzung ihrer Kinder. Denn wie schrecklich wäre es, wenn ihre Kinder einmal erleichtert sein würden, dass sie, Cordula, gestorben war und die Kinder damit endlich »befreit«. Nein, das durfte niemals geschehen.
Cordula wollte ihren Kindern zeigen, dass sie selbst die Verantwortung für ihr Leben trug. Ihre Kinder sollten nichts tun, was sie nicht gern taten. Sie sollten aus freien Stücken zu ihr kommen, nicht aus Verpflichtung. Auch diese Gedanken gaben ihr Kraft für die anstehenden Veränderungen. Und wir können andere Menschen nicht ändern. Cordula konnte auch ihre Mutter nicht ändern, aber sich selbst.

Es ist viel einfacher, im Streit Grenzen zu setzen, und deshalb gibt es auch in vielen Mutter-Tochter-Konstellationen oft einen großen Knall, den die Tochter braucht, um dann wirklich etwas zu verändern. Um dann nicht mehr beim ersten Klingeln ans Telefon zu stürzen, um nicht mehr alles stehen und liegen zu lassen, wenn die Mutter um einen Gefallen bittet. Bei einem Besuch nicht zwei Stunden zu bleiben, sondern fünfzehn Minuten – und auch nicht mehr jede Woche mehrmals, sondern alle zwei Wochen einmal. Zum Beispiel. Aber wie gesagt, dafür müssen wir Grenzen setzen, und das schaffen wir nicht einem hilflosen Wesen gegenüber, das um Milde bittet. Aus diesem Dilemma heraus erklärt sich auch die Aggression, mit der Cordula auf die Hilflosigkeit reagierte und für die sie sich dann wiederum schämte, sodass sie zur Wiedergutmachung noch netter zu ihrer Mutter war, was sie auf keinen Fall wollte.

Diesen Teufelskreis durchbrach sie langsam und auf zwei Ebenen: erstens im Verhalten der Mutter gegenüber, kleine Grenzen zu trainieren und auch die Erfahrung zu machen, dass ihre ach so hilflose Mutter tatsächlich die Dinge auch allein geregelt bekam, wenn sie nicht sofort zu Hilfe eilte. Und zweitens sich selbst zu reflektieren und eigene Werte zu definieren, aus denen heraus sie sich anders verhalten wollte.

Druckmittel Nummer eins: das schlechte Gewissen
In dem Zusammenhang noch ein paar Sätze zum stärksten elterlichen Druckmittel überhaupt: dem schlechten Gewissen! Das schlechte Gewissen entsteht in uns, wenn wir aktiv gegen einen Wert verstoßen, dem wir Macht oder Berechtigung eingeräumt haben. Also: Wenn mir Ehrlichkeit ganz wichtig ist, dann bekomme ich bei einer Lüge ein schlechtes Gewissen. Wenn ich nun in der

Kindheit und Jugend vermittelt und vorgelebt bekommen habe, dass man sich immer um die hilflose Mutter kümmern muss, dann zwickt das Gewissen, wenn ich das nicht sofort umsetze. Was ich aber dabei vergesse, ist, diese Überzeugung überhaupt einmal zu hinterfragen. In Cordulas Fall: Wieso ist es ausschließlich deine Aufgabe, dich um deine Mutter zu kümmern? Wessen Aufgabe ist es eigentlich? Und wenn du diese Aufgabe trotzdem übernehmen möchtest (nicht musst!), in welcher Dosierung willst du das? Und ist deine Mutter wirklich so hilflos, wie sie sich zeigt?

Bei schwierigen Eltern-Kind-Beziehungen, die auch im Erwachsenenalter der Kinder noch Macht haben, finden sich oft elterliche Werte, die wir ungeprüft für »wahr« befunden haben. Wir übernehmen sie einfach von unseren Eltern, ohne uns dessen bewusst zu sein.

Im Coaching holen wir diese verinnerlichten, automatisierten Werte und Glaubenssätze an die Oberfläche des Bewusstseins und überprüfen sie auf ihre Berechtigung. Das bedeutet, dass wir zunächst herausfinden, welche Überzeugungen ursächlich für unser Verhalten sind.

Ein Beispiel: Sonja hatte den Kühlschrank voll mit abgelaufenen Lebensmitteln. Sie brachte es nicht über sich, diese wegzuwerfen. Das führte zum Streit mit ihrem Partner, der eines Tages einfach einen Mülleimer vor den Kühlschrank stellte und aussortierte. Senf von 2005? Weg damit. Sojasoße von 2020? Ab in den Müll. Selbst gemachte Marmelade ohne Jahresangabe? Byebye. Und wie alt sind die Sachen in der Gefriertruhe eigentlich? Es knallte gewaltig zwischen den beiden. Sonja warf ihm übelste Verschwendung vor, und dann kann ihr der Satz über die Lippen: »Was ist, wenn mal schlechte Zeiten kommen?«

»Dann rettet uns dein verschimmeltes Brot auch nicht«, konterte er, und sie brach in Tränen aus.

Als wir im Coaching diese Szene Revue passieren ließen, merkte ich an, dass ihre Reaktion eigentlich nicht so recht zum Anlass des Streits passte. So ein Missverhältnis ist immer ein guter Hinweis darauf, dass da noch mehr mitschwingt, als es den Anschein hat. In Sonjas Fall waren das die Überzeugungen ihrer Mutter und Oma, die als Kriegs- und Nachkriegsgenerationen ein ganz anderes Verhältnis zu Lebensmitteln hatten als Sonjas Generation. In ihrer Kindheit galt es als Frevel, Lebensmittel wegzuwerfen, selbst wenn sie eigentlich nicht mehr genießbar waren. Das ist eine Haltung, die in extremen Mangelzeiten absolut nachvollziehbar ist, heute nur noch bedingt. Die Einstellung hatte sich bei Sonja ins Unterbewusstsein gebrannt. Und mehr noch, sie erklärte auch, warum bei Sonja so viele Lebensmittel in ihrer Haltbarkeit abliefen. Sie hatte nämlich auch den Hang zu Hamsterkäufen unbewusst übernommen und damit oft mehr im Kühlschrank, als sie eigentlich verbrauchte.

Nachdem ihr das klar geworden war, konnte sie sich aktiv mit ihrem Einkaufs- und Verbrauchsverhalten auseinandersetzen und überlegen, was zu ihrer Lebenswirklichkeit passte. Sie konnte erkennen, dass der Streit mit ihrem Partner eigentlich gar nicht um die Lebensmittel ging, sondern dass ein von ihr verinnerlichtes existenzielles Wertesystem auf den Prüfstand geraten war. Und das erklärte ihre heftige Reaktion, denn ihr Partner begehrte quasi auf gegen die »Wahrheiten« ihre Mutter und Großmutter.

Zeigt sich im Coaching, dass manche übernommenen Werte gar nicht zum eigenen Erwachsenen-Leben passen, suchen wir einen Weg, wie die Klientin sich daraus lösen kann. Das schlechte Gewissen, vor allem gegenüber Eltern, ist ein sehr starker psychischer Mechanismus. Es braucht oft ein wenig Zeit und Übung, ihn außer Kraft zu setzen beziehungsweise eigene innere Richtlinien an seine Stelle zu setzen.

Wenn man das hingegen rechtzeitig macht und daraus neue Verhaltensweisen einübt, dann braucht es oft nicht den großen Knall, den Befreiungsschlag, oder den Partner als Puffer, der immer mitkommen muss, weil man sich allein nicht »wehren« kann. Denn dann lernt man, Schritt für Schritt gesunde Grenzen zu setzen.

Manche Menschen wissen sich irgendwann nur noch mit einem endgültigen Cut zu helfen. Sie brechen mit ihrer Herkunftsfamilie, aus welchen Gründen auch immer, jeglichen Kontakt ab. Und sie wollen sie nicht in ihrer eigenen Beziehung haben. Meint dann aber der Partner, es wäre doch schön, wenn die Schwiegereltern nicht so ausgeschlossen wären und wenn man sich versöhnte, und nimmt er hinter dem Rücken der Partnerin Kontakt zu deren Eltern auf, mit denen sie ja gebrochen hat, ist das übergriffig und ein immenser Vertrauensmissbrauch. Jeder Mensch entscheidet darüber, wie er seine Elternbeziehung gestalten möchte. Es steht niemandem zu, das für andere zu bestimmen.

Scherben bringen Glück

Ich erinnere mich an eine andere circa dreißigjährige Klientin, bei der wegen einer ähnlichen Mutter-Tochter-Dynamik fast die Ehe gescheitert wäre. Der Auslöser war, dass Ilonas Mutter fest damit rechnete, die Tochter würde in ihre Einliegerwohnung ziehen, damit sie sich im Alter um die Mutter kümmern und sie eventuell pflegen würde. Nun lebte Ilona aber mit ihrem Mann in einer sehr schönen Dachterrassenwohnung, und dieser wollte auf keinen Fall zu seiner Schwiegermutter ins Haus ziehen. Obwohl Ilona das auch nicht wollte, konnte sie die Bitte ihrer Mutter nicht abschlagen. Immer wieder fing sie bei ihrem Mann davon an, bis es zu einem großen Streit kam, in dem er ihr in sehr deutlichen Worten sagte: »Ich fahre nicht zu deiner Mutter und bringe ihr schonend bei, dass ihre Tochter nicht zu ihr ziehen will. Das kannst du mal schön selbst erledigen. Und wenn du das nicht schaffst, dann kannst du auch gleich dort bleiben, du bist ja sowieso mehr mit deiner Mutter verheiratet als mit mir.«

Als ihr Mann von Ilona verlangte, diese Entscheidung ihrer Mutter mitzuteilen, wurde er interessanterweise zum Feind, dem sie asoziales Verhalten vorwarf: Er sei ein Egoist sondergleichen, ein typischer Vertreter der Ellenbogengesellschaft, die sich nicht mehr um ihre alten und kranken Mitglieder kümmere. Ihr Mann schaute sie lange an und fragte sie dann sehr ruhig, ob sie das wirklich ernst meine. Ilona erzählte mir, dass sie da in Tränen ausgebrochen sei, denn irgendwie war sie wirklich wütend auf ihren Mann, aber eigentlich war sie auch wütend auf sich selbst. Und sie beneidete ihn zutiefst um seine Freiheit. Seine Mutter war ganz anders. Die war ständig auf Kreuzfahrten, und er konnte froh sein, wenn sie mal Zeit für ihren Sohn hatte.

Aber da war noch mehr, es war der Neid auf diese Entspanntheit, darauf, dass er sich nicht vereinnahmen ließ. Ihr Mann sagte ihr dann, dass er ihre Fürsorge durchaus schätze und auch bewundere, dass sie eben nur bei ihrer Mutter weit über das Maß hinausschösse.

Das brachte die Wende für Ilona, weil es ihr zeigte, dass sie eine gute Ehe führte, die sie durch das Engagement für ihre Mutter großer Gefahr aussetzte. Ein halbes Jahr und viele Kämpfe später zog eine Pflegerin in die Einliegerwohnung; und mit dieser Gesellschafterin, gegen die sie sich zuerst mit Händen und Füßen gewehrt hatte, blühte die Mutter auf, wie ich ein gutes Jahr später bei einer Nachfrage erfuhr.

Erwach(s)en mit achtzehn oder achtzig?

Nicht jede Mutter-Tochter-Geschichte schließt mit solch einem Happy End ab. Oft glauben die Töchter, es könnte gelingen, den Müttern ihre Sicht zu vermitteln. Das ist oft genauso zum Scheitern verurteilt wie der umgekehrte Fall. Jede Generation sucht sich ihren Weg. Sie nimmt Tradiertes mit, lässt es los, sucht sich Neues.

Ich bin sehr gespannt, wie sich das bei den zwanzig- bis dreißigjährigen Frauen von heute entwickeln wird. Sie haben oft eine Elterngeneration, die viel Wert auf die Selbstverwirklichung ihrer Kinder legt(e). Folgerichtig müssten bestimmte Grabenkämpfe dann ausbleiben. Ich bin allerdings sehr zuversichtlich, dass andere hinzukommen werden.

Was sich allerdings aus meiner Sicht sehr zum Positiven verändert hat, ist, dass persönliche Weiterentwicklung einen höheren Stellenwert bekommen hat als früher. Hieß es da eher mal: »Stell dich nicht so an«, »Zähne zusammenbeißen und ertragen« oder »Schuster, bleib bei deinen Leisten«, dürfen wir uns heute das Recht nehmen, uns zu hinterfragen, das Leben, das wir führen, infrage zu stellen, uns weiterzuentwickeln, zu lernen und zu wachsen.

Wie sagte meine Supervisorin mal so schön? »Wir lernen, bis wir auf der Bahre liegen.« Fairerweise sei gesagt, es wird immer schwieriger, Veränderungen zu etablieren, wenn man nicht lebenslang Erfahrungen damit gesammelt hat, bewusst zu leben, zu reflektieren.

Wenn man erst in hohem Alter damit anfängt, steht einem meistens Angst im Weg, denn man verlässt vertrautes Terrain. Bezieht sich dies auf soziale Rollen, kann das extrem verunsichern. Man fragt sich vielleicht, ob denn alles so, wie man es vorher gemacht hat, die ganze Lebensweise, falsch war. Hinzu kommt, dass im Alter die Kräfte schwinden. Man wird schwächer, abhängiger, hat nicht mehr die Energie, große Veränderungen durchzuziehen wie als junger Mensch, wo solche auch gravierende Kurskorrekturen durchaus möglich sind.

Hierzu gibt es eine einfache Alltagsanalogie. Warum finden sich ältere Menschen oft kaum mit moderner Technik zurecht? Weil sie sich nicht damit befassen: »Ich habe das mein Leben lang nicht gebraucht, ich bin gut zurechtgekommen ohne, jetzt brauch ich es auch nicht mehr.« Und so bleiben sie in gewisser Hinsicht stehen in ihrer Entwicklung. Das Neue wird als zu anstrengend empfunden. Man hat wie gesagt auch nicht mehr so viel Kraft wie früher. Lernen fällt schwerer.

Wie können wir dieses Beispiel auf unseren Umgang mit betreuungsintensiven Eltern übertragen? Nun, wir können ihre Möglichkeiten realistischer einzuschätzen lernen und versuchen, sie so zu nehmen, wie sie sind, statt sie zu Selbstständigkeit und was auch immer erziehen zu wollen. Womit wir ja nichts anderes täten, als es Eltern herkömmlich mit Kindern tun. Doch sie sind die Eltern, und wir sind die Kinder. Wir können in dem Maß geben, in dem wir gern geben. Aber nicht über unsere Grenzen und zu unseren Lasten und zulasten unseres eigenen Lebens, unserer Paarbeziehung und Familie. Mehr als das, was wir gern geben, gibt es nicht; und innerhalb dieses Maßes sind wir so verständnisvoll wie möglich. Aber eben nicht darüber hinaus. Wie die Erfahrung zeigt, wird das dann schon verstanden.

Gewiss, es ist eine Schadensbegrenzung. Aus einer schwierigen Eltern-Kind-Beziehung wird selten ein leuchtendes Happy End erwachsen. Aber eine respektvolle und wertschätzende Beziehung kann auch ganz zum Schluss noch entstehen.

Konzentrier dich also auf dich selbst, dein Leben und deine eigene Familie, und gib so viel Zeit und Kraft, wie du gut erübrigen kannst. Nicht darüber hinaus. Und wenn du Impulse verspürst, die Mutter, den Vater, die Eltern aus deinem Leben verbannen zu wollen, oder dich aufregst, weil sie so sind, wie sie sind, bist du über deine Grenzen gegangen. Freu dich über diesen Impuls, auch wenn's zwickt, aber er ermöglicht dir eine Kurskorrektur. Das lernt man nicht einmal, und dann ist gut: Es bleibt bis zum Sankt-Nimmerleins-Tag. Es ist ein ständiges Vor und Zurück. Von dieser Beziehungsarbeit werden wir auch in anderen Beziehungen profitieren, nicht zuletzt, wenn wir selbst alt sind und unsere Kinder nachmittags um drei zum Kaffee zu uns kommen. Oder auch nicht, weil sie keine Lust haben (was okay ist) oder wir auf Kreuzfahrt sind.

Die Schwiegerelternallergie

Mark war total genervt in seiner Ehe, weil es als festes unverrückbares Gesetz galt, dass jeden Sonntagmittag bei ihren Eltern zu Mittag gegessen wurde, immer Schweinebraten mit Klößen und anschließend Kaffee und Kuchen. Die ganze Familie saß zusammen, auch die beiden Schwestern seiner Frau und ihre Männer sowie drei Kinder. Man schwatzte, scherzte und aß viel zu viel, und Mark wollte einfach nur raus. Sonntag an Sonntag reihten sich die Klöße aneinander.

Eines Vormittags kurz vor der Abfahrt platzte es aus ihm heraus. Alles, was er noch nie gesagt beziehungsweise nur angedeutet oder auch nur gedacht hatte, sprudelte nur so aus seinem Mund: »Ich will da nicht hin. Nicht jeden verdammten Sonntag. Ich bin nur dir zuliebe mitgegangen. Ich möchte endlich mal einen Sonntag verbringen, wie ich das will. Ohne deine Sippe, die ständig durcheinanderredet, und das fettige Essen. Ich will mal meine Ruhe. Fahr ohne mich, und richte Grüße von mir aus.«

Seine Frau Hanna war erschüttert von diesem Ausbruch, doch nicht so sehr, um ihn nicht zu bedrängen, sie dennoch zu begleiten. Es war doch gerade das Schöne, dass alle zusammen waren! Hanna fieberte dem Sonntag oft geradezu entgegen. Doch Mark verweigerte sich. Gekränkt rief Hanna ihre Familie an, sagte, dass sie sich verspäten würden, und versuchte noch einmal alles, damit Mark einsähe, dass so ein Familientag doch etwas Wunderschönes war.

Schließlich landeten die beiden bei mir im Coaching. Mark sagte: »Ich will meine Frau am Wochenende mal für mich. Ich will sie nicht mit ihrer Familie teilen. Da ist sie auch immer ganz anders, geradeso, als würde sie sich zurückentwickeln. Ihre Eltern behandeln sie wie eine unreife Fünfzehnjährige. Sie schluckt alles, was ihre Eltern auftischen. Und ich meine nicht die Klöße, sondern diese Vorträge, was gut für sie sei, ob wir unsere Versicherungen mal wieder überprüft hätten, wie denn unsere Vorsorgepläne aussähen, ob wir rechtzeitig den Urlaub gebucht hätten, weil man sonst zu viel zahle, und sie hätten schon mal was rausgesucht. Oder ob wir etwa immer noch nicht die Förderung fürs Sanieren beantragt hätten, oder was weiß ich – die Liste ist endlos. Ihre Eltern behandeln sie wie einen unmündigen Teenager und nicht wie eine erwachsene Frau. Sie lässt sich das gefallen, und ich darf auch nichts sagen ...«

An der Stelle unterbrach Hanna ihren Mann: »Es ist doch total nett von meinen Eltern, so viel Anteil zu nehmen.«
»Der Teil ist halt ein bisschen groß«, meinte Mark. »Zu groß für meinen Geschmack!«
Ja, es ist ein feiner Unterschied, ob Eltern Anteil nehmen oder in die Beziehung der erwachsenen Tochter hineinregieren. Das gilt übrigens auch für Söhne. Und es kann eine Beziehung auf lange Sicht torpedieren. Hanna war nicht richtig abgenabelt. Sie hatte sozusagen ihre eigene Pubertät verpasst. Für ihre Eltern war sie noch das unmündige Kind, und sie ließ es zu. Doch sie brauchte eine Weile, um das zu erkennen. Denn was sollte falsch daran sein, sich bei seiner Familie wohlzufühlen und dem elterlichen Rat Aufmerksamkeit zu schenken?

Nun ja, die Dosis macht das Gift. Und spätestens wenn ein Beziehungspartner das Gefühl hat, eigentlich eine Familie geheiratet zu haben statt nur einen Menschen, wird es Zeit zu reden. Mark und Hanna fanden zunächst einmal einen Kompromiss zum Üben: Sie würden nur noch alle zwei Wochen an dem sonntäglichen Essen teilnehmen, einen Sonntag würde Hanna allein hinfahren, und einen Sonntag im Monat würden sie beide fernbleiben, was Hanna sehr schwerfiel. Aber es ging genau darum, auch mal Zeit nur mit ihrem Mann zu verbringen, der sich ebenfalls gesehen und wertgeschätzt fühlen wollte.

Einige Monate nach der Session schrieben die beiden mir eine Mail. Es war etwas Interessantes passiert: In dem Maße, in dem Hanna und Mark sich an den Wochenenden als autonomes Paar verhielten, umso klammernder wurden ihre Eltern. So stark, dass es sogar Hanna zu viel wurde und sie immer klarer erkannte, dass ihre Beziehung zu ihren Eltern tatsächlich keine auf Augenhöhe war. Eine solche wollte sie aber haben.

Mit diesem Ziel fiel es ihr leichter, auch mal Nein zu sagen. Ihre Beziehung zu Mark gewann gleichzeitig an Tiefe, denn nun besprachen die beiden die wesentlichen Entscheidungen. Und sonntags gab's dann statt Klößen Carbonara, die schmeckte ihnen beiden besser.

Hotel Mama

Meiner Beobachtung nach tendieren eher Frauen zum engen Kontakt mit ihrer Herkunftsfamilie. Immer mal wieder möchten sie den Partner ihrer Familie einverleiben. Da sie selbst sich dort so wohlfühlen, gehen sie automatisch davon aus, auch ihr Partner würde so empfinden: »Wenn er mich liebt, dann liebt er auch meine Familie.« Das ist jedoch ein Irrtum, der die Liebe langfristig töten kann. Deshalb ist es enorm wichtig, über das Maß des Familienkontakts zu sprechen: Wie viel wünschst du dir, wie viel ist für mich machbar, wie lösen wir unterschiedliche Bedürfnisse? Denn man gründet ja ein neues System mit neuen Regeln und Bedürfnissen.

Hanna wollte auf keinen Fall ohne Mark zu ihrer Familie. Andere Frauen fühlen sich ohne ihren Partner dort sogar wohler. Warum ist das so? Was macht die große Anziehung der Herkunftsfamilie aus? Das sollte jede(r) für sich erforschen. Konkrete Fragen können sein: »Was gibt mir meine Familie, was mein Partner nicht leisten kann oder will?« Und: »Welches positive Gefühl habe ich bei meiner Familie, das mir in meinem Beziehungsalltag vielleicht fehlt?« Die Antworten auf diese Fragen kann ich dann auch mit dem Partner besprechen, damit er mich besser versteht und sich nicht brüskiert fühlt. Damit ist der erste Schritt zu einem tieferen Verständnis und guten Beziehungskompromissen getan.

Von vielen Frauen habe ich gehört, dass sie sich in ihrer Ursprungsfamilie sicher und geborgen fühlen. Sie hatten eine schöne Kindheit und Jugend und genießen die Ausflüge in diese heile Welt. Bei den Eltern werden sie gepäppelt, Mama kocht das Lieblingsessen, Papa sitzt noch im Homeoffice am Schreibtisch, und das Kind hat »frei«, braucht nichts zu tun, außer vielleicht mit dem Hund spazieren zu gehen: Hotel Mama. Was es auch ist, die lieb gewonnenen alten Gewohnheiten werden aktiviert. Man kann super abhängen, die Eltern kümmern sich um alles. Wie früher tragen sie die Verantwortung, und das ist eine wundervolle Entlastung.

Das ist alles nachvollziehbar, doch langfristig geht es darum, dieses Gefühl der Geborgenheit auf die Beziehung mit dem Partner zu übertragen – einen Transfer von der Herkunftsfamilie zur neuen Familie zu vollziehen. Alles andere kann wie eine Zurückweisung auf den Partner wirken: »Bei ihrer Familie fühlt sie sich wohler und geborgener als bei mir.« Ein permanentes Sticheln: »Du genügst mir nicht, du bist zu wenig, du kannst mir nicht geben, was ich brauche.«

Dass das so ankommt, sagt der Gekränkte natürlich nicht, vielleicht ist es ihm gar nicht bewusst. Darüber hinaus kann sich die Tochter, die sich so sehr um ihre Eltern kümmert – wobei es ja umgekehrt ist –, einreden, dass sie zu den »Guten« gehört. Sie lässt ihre Familie nicht im Stich, sie erfüllt den Generationenvertrag. Hat ihr Mann dazu eine andere Meinung, ist er hartherzig.

Es ist immer wieder bedauerlich, wie viel Erkenntnisgewinn wir uns mit solch raschen Zuschreibungen selbst wegnehmen. Das gilt auch für Modebezeichnungen. Wenn ich jemandem ein »Du bist ein Narzisst« vor den Latz knalle, ist das ein Totschlagargument.

Wie viel Herkunftsfamilie ist noch gesund? Wie hoch darf die Dosis sein? Ist intensiver Kontakt mit der Ursprungsfamilie ein untrügliches Zeichen dafür, dass die Abnabelung nicht geklappt hat? Nein. Aber man sollte seine Motive überprüfen.

Wenn ich so gern bei meiner Herkunftsfamilie bin, weil ich dort das ultimative Gefühl von Geborgenheit und Sicherheit empfinde, dann haben meine Eltern einen schlechten Job gemacht. Sie haben meine Pubertät nicht dazu genutzt, die Nabelschnur vollständig zu lösen, mich aus dem Nest zu werfen. Oberflächlich, also unreif betrachtet, bringt ihnen das Vorteile. Sie müssen ihr Kind nicht ganz loslassen. Es hängt noch immer an ihnen, doch die Nabelschnur verwandelt sich in eine Kette, auch wenn sie mit Schleifchen und Rüschen verziert sein mag.

Und so kann sich dieser vermeintliche Vorteil ins Gegenteil verkehren, denn eine verspätete Pubertät kann viel Geschirr zerschlagen, sobald sich das »Kind« als Erwachsener von den Familienverklebungen befreien möchte und dazu viel Wut, Empörung, Abgrenzung braucht, damit es das schafft. Der ideale, von der Natur vorgegebene Zeitraum für diese Entwicklung ist wie gesagt die Pubertät, und es gehört zur Aufgabe der Eltern, ihre Kinder durch diesen Prozess zu führen, damit sie am Ende als Erwachsene sicher auf ihren zwei eigenen Beinen stehen und in ihr eigenes Leben gehen können.

Wenn Eltern ihre Kinder zu viel »pampern«, erschweren sie ihnen diesen Prozess. Eine gelebte Pubertät klärt die Rollen. Wenn es in dieser Phase ordentlich kracht, ist das meiste für die Zukunft geklärt. Und wer sich sauber abnabelt, kann auch entspannt ohne Abhängigkeiten wieder auf die Familie zugehen.

Papa ist der Beste

Ich erinnere mich an einen Klienten, dem die Zukunftsvision seiner Ehefrau Albträume bereitete. Sie wollte mit ihren Eltern und der Familie ihres Bruders in ein Mehrfamilienhaus ziehen und hatte natürlich den sozialen Trend auf ihrer Seite. Alle fanden das toll, nur ihr Mann, mein Klient, nicht, was sie überhaupt nicht verstehen konnte, wo doch ihr Vater ein so toller Handwerker war und alles ganz wunderbar herrichten könnte, am liebsten einen alten Bauernhof. Nun war aber der Schwiegervater das größte Problem für meinen Klienten. Seine Frau vergötterte ihren »besten Papa der Welt«. Obwohl mein Klient handwerklich ebenfalls geschickt war, brachte seine Frau alles, was repariert werden sollte, zu ihrem Vater. Wenn mein Klient sagte, dass er das doch auch tun könnte, meinte sie: »Papa ist Rentner, er hat Zeit für so was.«

Für ihn hörte sich das an wie »Der kann das besser als du«. Und mit diesem Übermenschen, der seine Kompetenz entwertete, sollte er in einem Haus wohnen? Ich habe bisher sehr viel über weibliche Stereotype gesprochen, weil ich in diesem Buch häufig auftretende Missverständnisse beschreiben möchte. Mit vielen Worten, wie wir Frauen es lieben. Doch es gibt natürlich auch männliche Stereotype: dass Männer handwerklich fit sind, dass sie stark sind, dass sie Probleme lösen können ... Nicht besser als Frauen, aber doch für die eigene Frau bitte besser als der Schwiegervater.

Es ist schon vertrackt mit den Geschlechterrollen. Sie sind im Umbruch, keine Frage, aber bis tradierte Vorstellungen wirklich reflektiert und auch zu Grabe getragen werden, das wird vermutlich noch ein paar Generationen dauern. Es gibt eben einen Unterschied zwischen bewusstem Erkennen und Wissen und unbewussten Mustern.

Warum initiierte die Frau meines Klienten aber nun einen solchen Wettkampf zwischen ihm und ihrem Vater? Nun, es ist ihr nicht bewusst gewesen. Sie dachte nicht darüber nach, während ihr Mann ja sehr viel darüber grübelte. Sie machte das, was sie ihr Leben lang getan hatte. Wenn etwas nicht funktionierte, delegierte sie es an ihren Vater; der kümmerte sich darum. Zumal er ihr das ja heute noch anbot, so konnte er sich weiterhin wichtig im Leben seiner Tochter fühlen. Insofern ging die Manipulation vom Vater aus, der seine Tochter nicht loslassen konnte.

An diesem Beispiel sehen wir, wie schwierig es sein kann, sich aus solchen Verstrickungen zu lösen, weil es immer mehrere Mitspieler gibt. Doch wenn der Knoten einmal gelöst ist, hat er Auswirkungen auf alle. Es muss eben nur mal einer anfangen. In diesem Fall war es mein Klient, der seine Frau auf die Verstrickung aufmerksam machte. Sie wiederum hatte geglaubt, sie täte ihm einen Gefallen damit, ihn nicht mit diesen Reparaturen und kleinen Dienstleistungen zu belästigen. Jetzt erkannte sie, dass sie ihrem Partner damit auch das gute Gefühl hätte ermöglichen können, wichtig für sie zu sein, wenn er etwas für sie erledigte. Die Ablösung von ihrem Vater dagegen machte ihr lange Zeit immense Probleme. Dem fiel irgendwann auf, dass er nicht mehr so »gebraucht« wurde, und er kommentierte das auch: »Ich bin dir wohl nicht mehr wichtig.«

Bei seiner Tochter löste das ein sehr schlechtes Gewissen aus – ein weiteres Beispiel für einen nicht gelungenen Ablöseprozess.

Helikopter, Rasenmäher und U-Boote

Helikopter-Eltern kennt jeder, auch der Begriff »Rasenmäher-Eltern« ist mittlerweile bekannt: Sie räumen ihren Kindern alles aus dem Weg. Unter U-Boot-Eltern versteht man in unserer Wohlstandsgesellschaft solche, die sich nicht verantwortlich fühlen für die Taten ihrer Kinder.

In diesem Buch geht es um romantische Beziehungen. Aber die Elternbeziehungen spielen sehr oft mit rein. Ermöglichen es Eltern ihren Kindern, zu souveränen Erwachsenen heranzureifen? Oder eher zu ängstlichen, unselbstständigen oder unsicheren?

Richard David Precht hat einmal einen für mich sehr richtigen Satz in einem Podcast gesagt, nämlich: »Man kann Kindern gar nicht genug Liebe schenken, aber sehr wohl zu viel Aufmerksamkeit.« Damit meinte er, dass Kinder nicht lernen, souverän und selbstständig zu werden, wenn ihre Eltern immer um sie herumschwirren und ihnen alles aus dem Weg räumen. Diese Eltern sind genauso »schädlich« wie Eltern, die ihre Kinder vernachlässigen.

Denn als Erwachsene gehen diese Kinder Beziehungen ein, in denen entweder ein Mangel aus der Kindheit gestillt werden soll, zum Beispiel die Sehnsucht nach Aufmerksamkeit, Annahme und Liebe. Oder eine Angst soll entmachtet werden, nämlich die, allein nicht klarzukommen. Beides führt zu ungesunden Beziehungen.

Das ist tragisch, da Eltern ihren Kindern in der Regel den besten Start ins Leben geben möchten oder sollten. Doch mit ihren Helikoptern, Rasenmähern und U-Booten machen sie ihn unmöglich. Der beste Start kann nicht so aussehen, dass man seinen Kindern die Bahn freiräumt. Man sollte sie lehren, mit sich selbst allein, mit ihren Emotionen und äußeren Problemen klarzukommen, und das gelingt nur, wenn sie das im sicheren Rahmen trainieren können.

Kinder, die diese Chance nicht bekommen, scheitern in späteren Beziehungen oft an diesen Themen. Und wenn dann zwei Orientierungslose als Paar zusammenfinden und voneinander ungeteilte Aufmerksamkeit erwarten, wie sie es aus dem Elternhaus kennen, oder dass der andere für die Befriedigung der eigenen Bedürfnisse verantwortlich ist ... kann das gut gehen? Meiner Erfahrung nach: nicht lange. Und das ist schade.

Es ist dein Job, dafür zu sorgen, dass ich glücklich bin

Ich nehme gerade bei jüngeren Klientinnen so ab Ende zwanzig, Mitte dreißig ein starkes Bedürfnis nach Sicherheit wahr, das nicht nur im möglichst verbeamteten Job, sondern auch in der jeweiligen Beziehung gestillt werden soll. Und das ist ein bisschen ver-rückt, denn zumindest in der sogenannten Ersten Welt leben wir im Vergleich zu früheren Zeiten und zu vielen anderen Ländern so sicher wie noch nie. Es fühlt sich bloß nicht so an. Denn was fehlt, ist die Erfahrung im Ausbilden von Selbstwirksamkeit, von Problemlösungskompetenz.

Wenn meine Eltern mir alles aus dem Weg geräumt haben, wie soll ich wissen, was ich kann oder dass ich etwas kann, wo ich es doch nie ausprobiert habe? Oder in Hinblick auf Beziehungen: Wie kann ich auch allein klarkommen, wenn ich das nie musste?

Viele junge Menschen haben kein Gefühl für ihre Fähigkeiten, und ihre Frustrationstoleranz ist gering. Sie ist aber eine der wichtigsten Eigenschaften, die wir im Leben brauchen, auch wenn wir glückliche Beziehungen führen wollen. Wenn wir den Bettel hinwerfen, sobald etwas nicht so läuft, wie wir uns das vorgestellt haben, werden wir nicht weiterkommen. Aber um immer wieder aufzustehen, um es immer wieder zu versuchen, muss man Bewältigungsstrategien gelernt haben, was leider oft nicht nötig war, wenn die Eltern wie Rasenmäher vor einem hergefahren sind und jeden zu hohen Grashalm umgenietet haben.

Und dann? Sind häufig die anderen schuld, wenn etwas nicht so klappt, wie es sollte. Jetzt könnte man meinen, diese jungen Menschen wären durch ihre Eltern total selbstbewusst geworden, aber das Gegenteil ist der Fall. Eben weil sie selbst nicht genug Selbstwirksamkeitserfahrungen gemacht haben, sind sie sehr unsicher. Diese Unsicherheit soll durch die Beziehung verscheucht werden. Und schwups, wird der Partner an die Stelle der Eltern gesetzt. Nur hat der vielleicht aber gar kein Interesse daran, diese Rolle einzunehmen, er kann und/oder will das nicht leisten. Also geht die Beziehung über kurz oder lang in die Brüche, und man hat mit dem nächsten Partner die gleichen Probleme. So geht es immer weiter, bis man eines Tages den unfassbaren Gedanken wagt: Vielleicht ist das alles mein Problem, vielleicht liegt es an mir und nicht an den anderen?

Willkommen im Coaching!

Schlimmstenfalls begegnen mir bei einem Paar zwei Menschen, die sich im tiefsten Inneren beide wie ein Mängelexemplar fühlen und gleichzeitig beanspruchen, Mittelpunkt der Welt zu sein. Wenn der Partner das anders sieht, flüchtet man sich ins Elternhaus und lässt sich dort pampern. Dann kehrt man zurück und versucht, dem Partner zu vermitteln, dass er dafür zuständig ist, die eigenen Bedürfnisse zu befriedigen. So, wie das die Eltern tun. Erfüllt der Partner diesen Job nicht, weil er das seinerseits ebenfalls erwartet, gibt es viel Streit, der sich gern an Kleinigkeiten entzündet.

Das zugrunde liegende Problem wird ausgeblendet, ja, es kann gar nicht erkannt werden. Die Befriedigung der eigenen Bedürfnisse ist nach außen verlagert und den Betroffenen oft gar nicht so bewusst. Sie merken nicht, welche Muster sie bespielen oder reaktivieren. Der Partner wird in der Pflicht gesehen, sich um ihre

Bedürfnisse zu kümmern: »Er ist dafür zuständig, dass es mir gut geht, dass ich mich sicher und geborgen fühle und glücklich bin. Dass er das von mir auch erwartet, kann ich mir nicht vorstellen, da ich doch der Mittelpunkt der Welt bin. Wie er es in seiner Welt ist.«

Leider ergibt Mangel plus Mangel nicht Fülle, sondern einen Abgrund an Bedürftigkeit. Manche Menschen wählen dann jene Strategie, ihren Partner extrem zu pampern – in der Hoffnung, dass da mal was zurückkommt, wenn sie ganz viel von dem geben, was sie selbst sich wünschen. Manchmal fahren beide diese Strategie und werden zwangsläufig immer wieder enttäuscht. Sie fühlen sich auch betrogen – um das, von dem sie glauben, dass es ihnen zusteht. Da hilft nur noch die Flucht zu Mami und Papi, die bauen einen wieder auf und versichern, dass man selbst wunderbar und großartig ist, und kümmern sich um alles. Das tut gut! Und so führt man die eigentlich wichtigste Beziehung im Leben nicht mit dem Partner, sondern mit der Herkunftsfamilie.

Heute werden Beziehungen schneller abgebrochen, man schmeißt eher hin. Kein Wunder, bei Tinder & Co. wartet ja schon der nächste Aspirant. Die moderne Welt macht es leicht davonzulaufen. Und damit ich richtig verstanden werde: Ich plädiere nicht dafür, in einer unglücklichen oder ungesunden Beziehung zu bleiben. Ich glaube nur, dass es sinnvoll ist, eigene Ansprüche zu hinterfragen, wenn ich immer wieder an bestimmten Themen in meinen Beziehungen scheitere. Dann ist die Chance sehr groß, dass das Problem mehr mit mir als mit meinem Partner zu tun hat.

Wenn wir mit einem anderen Menschen etwas aufbauen wollen, wenn wir am Ende unseres Lebens auf eine lange gemeinsame Geschichte zurückblicken möchten, dann müssen wir Bequemlichkeiten, unrealistischen Erwartungen, Unsicherheiten und Ängsten den Kampf ansagen. Das bedeutet letztlich, nie aufzuhören, die eigene Persönlichkeit weiterzuentwickeln; und idealerweise macht der Partner das auch, damit man sich immer wieder neu findet, und zwar auf Augenhöhe.

Um uns auf die Sichtweisen anderer Menschen einzulassen, brauchen wir allerdings ein einigermaßen stabiles Selbstwertgefühl. Wenn das fehlt, weil ich nie gelernt habe, mich innerlich wirklich unabhängig und frei zu fühlen, weil ich so nicht erzogen wurde, dann werde ich dieser Herausforderung vermutlich nicht gewachsen sein. Selbstwert bekommt man nicht geschenkt, man erarbeitet ihn sich. Aber, und das ist die gute Nachricht: Man kann jederzeit damit beginnen und den ersten Schritt hin zu einer reifen Persönlichkeit tun. Diesen Prozess gehen viele Menschen bei mir im Coaching, und es macht mich glücklich, wenn ich sehe, wie sie immer mehr bei sich selbst ankommen.

Irgendwann sind wir dann bei der Frage, ob die Eltern schuld sind. Die waren ja immer schuld, auch in der klassischen Psychoanalyse. Ich glaube, dass die meisten Eltern das Beste für ihre Kinder wollen. Sie unterliegen dabei aber auch gesellschaftlichen Strömungen, was zur jeweiligen Zeit gerade als richtig erachtet wird. Und das verändert sich, manchmal innerhalb einer Generation. Ein heute siebzigjähriger Mensch wird im Rückblick verschiedene Erziehungsmethoden miterlebt haben. Von autoritär zu antiautoritär. Und das erklärt auch, warum es zum Beispiel sehr oft zwischen Müttern und Töchtern ordentlich knallt, wenn das erste Enkelkind da ist und der Clash der Generationen auf dem Schlachtfeld der Erziehung ausgefochten wird. Früher war autoritär, heute sind wir eben bei Helikopter, Rasenmäher und U-Boot. Ich bin sehr gespannt, was die Zukunft bringt. Vielleicht Raumschiff?

DREI FRAGEN, DIE DICH WEITERBRINGEN

- Wie eigenständig kannst du dein Leben führen?
- Welche gestaltende Rolle spielen deine Eltern in deinem Leben?
- Wer ist dafür zuständig, dass es dir gut geht?

Geld und Geltung

Wenn zu wenig davon da ist, wird Geld zum ultimativen Krisen- und Kriegsgebiet in Beziehungen. Oder auch manchmal, wenn einer deutlich mehr verdient als der andere. Solange Geld kein Thema ist, belastet es die Beziehung nicht. Aber wehe, es wird knapp, die Ausgaben steigen oder es besteht Uneinigkeit darüber, wofür Geld ausgegeben wird. Dann öffnet Geld seine Börse – und was finden wir darin? Ein Stellvertreterthema für Sicherheit oder Macht.

Genug Geld zu haben, bedeutet, sicher zu sein – sowohl im eigenen Leben als auch in der Wertschätzung anderer. Zu wenig Geld wird gleichgesetzt mit Gefahr, sozialem Abstieg. Lande ich unter der Brücke? Diese Gedanken überfallen sogar Leute, bei denen das wegen mehrfachen Immobilienbesitzes höchst unwahrscheinlich ist. Wenn man allein lebt, kann man sich eine Strategie maßschneidern, wie man mit einer vorübergehenden oder auch längerfristigen Knappheit umgehen möchte. In einer Beziehung kommt es jedoch nicht selten zum Offenbarungseid, weil zwei Menschen zwei extrem unterschiedliche Strategien bevorzugen können. Und dann? Meldet manche Beziehung Insolvenz an.

Drei Konten für den geraden Haussegen

»Casy, wenn ich jetzt gleich weg bin, dann ist es, weil mein Mann nach Hause gekommen ist. Er soll nicht wissen, dass ich für dich Geld ausgebe.«

Bin ich eine Klamotte, eine Handtasche? Neugierig frage ich nach.

»Unsere Firma hat wegen Corona fast Pleite gemacht. Wir arbeiten da beide, jetzt aber nur noch halbtags. Keine Ahnung, wie das weitergehen soll, auf jeden Fall müssen wir sparen.«

Kluge Frau, denke ich, dass sie nicht nur zur Schuldnerberatung geht. Dass sie auch herausfinden will, wie sie persönlich mit dem Thema umgehen kann.

»Mein Mann und ich hatten schon immer unterschiedliche Vorstellungen über Geld«, erzählt meine Klientin. »Ich bin der Meinung, dass es fließen muss. Er kommt hingegen aus einem sehr sparsamen Haushalt. Stell dir vor, da wurde früher einmal morgens Wasser heiß gemacht, in eine Thermoskanne geschüttet, und bis Mittag goss man mit dem Wasser Pulverkaffee auf.«

»Igitt«, entfährt es mir. Ich bemühe mich ja, nicht zu werten, aber bei Kaffee fällt mir das echt schwer.

Meine Klientin lacht. Aber richtig froh sieht sie nicht aus in unserem Online-Coaching. Ich schätze die gepflegte Erscheinung in Blond auf Mitte dreißig. Sie fährt fort: »Bis jetzt war das Thema Geld kein Problem für uns. Aber mein Mann wird nervös, wenn wir unter zweitausend Euro auf dem Girokonto haben. Ich werde nicht mal nervös, wenn wir zweitausend Euro im Dispo sind. Ihm bereitet so was schlaflose Nächte.«

»Ihr habt nur ein gemeinsames Konto?«

»Ja.«

»Drei sind besser«, sage ich. »Ein gemeinsames und eines für jeden von euch, dessen Abbuchungen der andere nicht sieht.«
»Woher weißt du, dass das mein Problem ist?«, fragt sie.

Noch immer glauben viele Paare, zum Zusammenziehen oder Heiraten gehöre das gemeinsame Konto. Ja, das ist sinnvoll, gemeinsame Ausgaben können dann von diesem Konto abgebucht werden. Doch jeder sollte sein Privatkonto behalten, für das er keine Rechenschaft abzulegen hat, denn die Erfahrung zeigt, dass dies wichtig ist für die Autonomie der Partner.

»Er hat gesehen, dass ich mir Schuhe gekauft habe«, sagt sie und wirkt zerknirscht. »Er ist total ausgerastet. Dass wir uns das nicht leisten können und so weiter, blablabla. Ich weiß, dass er recht hat, aber ich wollte nicht nachgeben. Also hab ich lauter komische Sachen erfunden, warum ich die Schuhe brauche. Am Ende zeigte ich ihm mein Hühnerauge. Casy, es war schrecklich. Ich bin mir vorgekommen wie ein kleines Mädchen, das vom Lehrer ausgeschimpft wird. Seither ist es komisch bei uns. Nun habe ich aber auf unserem Kontoauszug gesehen, dass er sich Spikes für seine Schuhe gekauft hat. Obwohl er noch welche hat, sogar mehrere. Ich dachte mir, dann sind wir quitt, und habe das angesprochen. Aber das war wohl keine gute Idee, denn wir haben uns so gezofft wie noch nie. Ich werde das Gefühl nicht los, dass es gar nicht ums Geld geht, sondern um was anders. Deshalb brauche ich eine Anregung von dir.«

»Schritt eins: Ihr solltet herausfinden, wo für jeden von euch die Grenze zwischen Notwendigkeit und Luxus verläuft.«

»Für mich sind Schuhe kein Luxus!«, ruft sie, und ich stimme ihr innerlich grinsend zu. Doch unabhängig von dem, was man wirklich zum Leben braucht, hat jeder Mensch gewisse Bedürfnisse oder auch Wünsche. Das steht jedem zu. Wenn wir darüber in Streit geraten, wer sich was gönnen darf, wird das sehr schnell sehr hässlich, weil jeder das Gefühl hat, der andere nimmt ihm das weg, was er braucht.

Stellvertreterkriege

Wenn man nicht erkennt, dass man sich in einen Stellvertreterkrieg verstrickt, wird man ständig neue Argumente finden, die aber mit der Sache an und für sich nichts zu tun haben.

Ich erinnere mich an ein Paar, das ein Auto kaufen wollte; das alte sollte in Zahlung gegeben werden. Der Mann wollte einen Kombi, dieser war aber dreitausend Euro teurer, als die Frau ausgeben wollte. Ihrer Meinung nach brauchten sie keinen Kombi. Daraufhin hatte er jeden Tag eine neue Idee, was sie mit dem Kombi alles dringend transportieren müssten. Zum Beispiel ihre Bücherkisten, wenn sie die gelesene Literatur zu ihrer Freundin brachte. Man könnte anderen auch besser beim Umzug helfen, wie neulich ihrem Bruder. Oder wenn man mal Kinder hätte – wobei sich beide klar gegen Kinder entschieden hatten. Am Ende präsentierte er ihr eine Rechnung, wie viel es kosten würde, für all diese dringenden Fahrten einen Kombi zu leihen. Er räumte aber ein, dass man auch eine Anhängerkupplung in Betracht ziehen könnte, allerdings müsse man sich dann einen Anhänger leihen.

Amüsiert hörte sich die Frau das alles an und wollte schließlich wissen, womit er den geliehenen Anhänger konkret zu befüllen gedachte.

»Wir wollten doch mal einen Kaminofen kaufen, und der braucht ja Holz.«

»Ja, da hast du natürlich recht«, nickte die Frau resigniert, die keine weiteren Beweise dafür brauchte, dass die seelische Balance ihres Mannes im Moment von diesem Kombi abhing. Sie blies das Thema nicht auf, sondern machte eine Kosten-Nutzen-Rechnung, nicht nur finanziell, sondern auch beziehungstechnisch.

Und da fuhr sie deutlich besser damit, vielleicht zwei Monate lang Dispozinsen zu bezahlen, dafür aber einen glücklichen Kombifahrer an ihrer Seite zu wissen. Und es würde sicher auch wieder eine Situation geben, in der er ihr dann entgegenkäme.

Dieses Paar kannte sich schon lange und hatte einige Krisen gemeinsam bewältigt. Das macht es einfacher. Aber um dorthin zu gelangen, hat man vorher gute Beziehungsarbeit geleistet. Die Frau kannte die Werte ihres Mannes, denn natürlich ging es in diesem Beispiel um Werte. Wann immer wir etwas heiß verteidigen, sollten wir uns überlegen, welchen Wert wir darin versteckt haben, den wir im wenn auch unsichtbaren Anhänger transportieren.

Von den Warenwerten zu den wahren Werten

Wofür steht das Objekt der Begierde, der Kombi? Zum Beispiel für die Möglichkeit, frei zu sein. Wann immer ich es will, unabhängig von A nach B zu kommen – solange der Tank gefüllt ist.

Menschen, für die Unabhängigkeit ein hoher Wert ist, finden oft immer neue Gründe, warum gerade doch nicht der richtige Zeitpunkt sei, eine Beziehung auf die nächste Ebene zu heben, indem man eine gemeinsame Wohnung hat: »Lass uns noch bis nächstes Jahr warten, dann habe ich meinen Bachelor in der Tasche. Jetzt ist der Immobilienmarkt gerade so schwierig. Im Sommer ist es viel schöner umzuziehen.«

Wenn diese Argumente nicht durchschaut werden, können sie den Partner sehr kränken: »Willst du nicht mit mir zusammenzie-

hen?« Doch, das will er schon, aber irgendwie steht er sich selbst im Weg. Wenn er sich gut kennt und weiß, dass sein Streben nach Unabhängigkeit sein Zögern verursacht, kann man das in einem Gespräch klären.
»Was befürchtest du denn?« wäre eine relevante Frage.
»Dass ich nicht mehr machen kann, was ich will.«
»Hast du den Eindruck, dass ich dich einenge? Zusammenziehen bedeutet für mich nicht, das eigene Leben aufzugeben. Wir können doch verabreden, was wir gemeinsam machen und was nicht.«
So kann man sich Schritt für Schritt an dieses Abenteuer herantasten. Meistens sind die Ängste größer, als die Realität dann aussieht.

Wenn man einmal verstanden hat, dass unser Verhalten maßgeblich von unseren Werten und Überzeugungen regiert wird, schrumpfen die Konfliktherde. Statt sich in ständig wiederkehrenden Streitereien zu verzetteln, sollte man konstruktiv versuchen, herauszufinden, wie man das Bedürfnis nach der Erfüllung dieser Werte befriedigen kann. In der Regel sehen wir immer nur einen Weg, doch es gibt viele.

Wenn es natürlich um so etwas Fundamentales wie Geld geht, ist das manchmal gar nicht so einfach. Kennt man sich noch nicht so lange und hat man noch keine Krisen gemeinsam gemeistert, können Geldsorgen die Beziehung killen, vor allem wenn Kinder im Haushalt leben und/oder die finanziellen Verpflichtungen monatlich hoch sind.

Die Wanne ist voll

Eine meiner Klientinnen, eine halbtags berufstätige Mutter mit drei Kindern, zwei, vier und sechs Jahre alt, badete jeden Morgen zwanzig Minuten. Als das Geld knapp wurde, warf ihr Ehemann ihr Wasserverschwendung vor. Sie erklärte ihm, dass diese zwanzig Minuten die einzige Zeit am Tag sei, die nur ihr gehöre. Daraufhin wies er sie auf die drohende Klimakatastrophe hin, zu der sie mit ihrer Wasserverschwendung maßgeblich beitrage. Schnell waren beide auf 180 und sagten allerhand Dinge, die ihnen später leidtaten.

Was der Mann nicht geäußert hatte, war seine große Sorge, dass die Familie wegen der allseits steigenden Preise, besonders für Gas und Strom, sowie der Inflation in echte Not geraten könnte. Im Herbst würde die Große in die Schule kommen, wie sollten sie das alles bezahlen? Schultüte, Schulranzen, Material – und das bei seiner miesen Auftragslage! Er war freiberuflich tätig, und seine Frau konnte als Halbtagskraft in einer Steuerkanzlei die Familie nicht ernähren.

Für sie sah die Lage so aus: »Ich zerreiße mich für meine Familie, stehe um sechs Uhr morgens auf, falle abends um elf fix und fertig ins Bett, und er gönnt mir nicht mal zwanzig Minuten Entspannung. Für den soll ich wohl wie eine Maschine funktionieren. Der nimmt meine Bedürfnisse doch überhaupt nicht ernst.«

Wenn das Geld wirklich knapp wird in der Beziehung, dann ist nicht die Lösung, dass der eine auf Dinge verzichtet und der andere nicht. Es funktioniert nur, wenn beide einer Sache entsagen. Das kann man entweder beziffern, also dass jeder beispielsweise im Wert von fünfzig oder hundert Euro auf etwas verzichtet.

Oder dass man eine einzusparende Summe vereinbart und flexibel entscheidet.

Am wichtigsten aber ist es, offen die Sorgen voreinander einzugestehen und miteinander über das dahinterliegende Bedürfnis, nämlich nach Sicherheit, zu sprechen. Vorwürfe bringen nichts. Aber wenn das Bedürfnis einmal auf dem Tisch liegt, finden sich oft sogar mehrere Wege, es zu befriedigen. Badewannenwasser sparen ist nicht der einzige Weg. Die schnellen Lösungen sind nicht immer die besten.

Etikettenschwindel

Manchmal liegen die Probleme jedoch darin, dass zu viel Geld im Spiel ist.

Leonie war Influencerin, und sie verdiente damit inzwischen echt gut. Mode, Beauty, Reisen, sie hatte es geschafft, sich damit etwas aufzubauen – und sie liebte und lebte diesen Style auch. Luxusshopping, gut essen gehen, hochwertige Wohnungsdeko, das war ihr wichtig, und sie genoss es. Ihr Freund Martin verdiente als IT-Berater zwar nicht schlecht, doch im Vergleich zu Leonie doch deutlich weniger. Es war ihm aber sehr wichtig gewesen, wenigstens einen Teil des gemeinsamen Lebens zu finanzieren, wozu er seine gesamten Ersparnisse benötigt hatte.

Nach vier gemeinsamen Jahren stritten die beiden immer häufiger. »Wie kannst du für so einen Schwachsinn so viel Geld ausgeben?« Martin arbeitete zweimal ehrenamtlich bei der Tafel, wo er sich um die IT kümmerte, und war mit so viel Elend konfrontiert, dass ihn der Luxus zu Hause überforderte, obwohl Leonie auch großzügig für die Tafel spendete. Sie fühlte sich angegriffen von seinen Sticheleien. Was ging ihn das an? Es war doch ihr Geld.

Aber ein entspanntes Zuhause war ihr wichtig, und so begann sie zu flunkern. Die Uhr habe nicht fünfhundert, sondern fünfzig Euro gekostet. Die Halskette sei eine Leihgabe einer Freundin. Das Kleid stamme vom Flohmarkt. Vermutlich wusste Martin, dass sie schwindelte, aber er ließ sich damit abspeisen. Bis zu der Sache mit der Handtasche. Dummerweise fand er das Preisschild. Dreitausend Euro für eine Handtasche! Er war entsetzt und bemerkte, dass seine Liebe Risse bekam. Er konnte doch nicht mit einer Frau leben, die dermaßen hemmungslos konsumierte ...

»Du genießt den Luxus hier doch auch!«, warf sie ihm an den Kopf. Ja, das stimmte, er lag gern im Wasserbett und genoss auch mal die Pressereisen mit ihr in ein Luxushotel. Aber es war ihm nicht wichtig. Er nutzte es, weil es vorhanden war. Er hätte das für sich nicht gebraucht. Doch wie sollte er argumentieren? Er hatte schon viel zu viel mitkonsumiert. Demonstrativ packte er seinen alten Seesack und zog zu einem Kumpel.

Leonie war am Boden zerstört. Martin war ihre große Liebe. Was war passiert, warum war es vier Jahre lang gut gegangen und jetzt auf einmal nicht mehr? Mit dieser Frage kam sie zu mir ins Coaching.

Vielleicht erinnerst du dich, dass ich schon einmal von der magischen Grenze der vier Jahre gesprochen habe, die das verflixte siebte Jahr abgelöst hat. Also der Klassiker. Aber was steckte genau dahinter? Im Coaching suchten wir nach Martins Beweggründen.

Als erstes Motiv definierten wir, dass Martin ein eher sparsamer Mensch war. Er griff gern zu Sonderangeboten, das hatte er bei seiner alleinerziehenden Mutter gelernt. Im Grunde seines Herzens hatte er kein Verständnis dafür, wie man für Produkte Geld ausgeben konnte, nur weil ein Label an ihnen klebte. Das zweite Motiv, und das überraschte Leonie, war die Kränkung, die es Martin zufügte, dass er ihr all diese Dinge, die sie sich selbst kaufte, nicht schenken konnte. Das hätte er nämlich, zumindest hin und wieder, gern getan, weil auch sie die Liebe seines Lebens war. Doch es war ihm nicht möglich. Ihre ständigen Neuanschaffungen verwiesen ihn schmerzlich immer wieder auf dieses scheinbare Manko. Statt sich locker zu sagen: »Meine Freundin konsumiert halt gern, ich nicht«, führte er moralische Gründe an und wirkte manchmal regelrecht verbissen. So kannte Leonie ihn vorher gar nicht.

Da sind wir wieder bei den männlichen Stereotypen: Ein richtiger Kerl ist einer, der auch heute noch mehr verdienen muss als seine Frau oder der in der Lage sein muss, ihr etwas »zu bieten«, und sich zumindest nicht zu oft von ihr einladen lässt.

»Also streiten wir aus Liebe!«, resümierte Leonie hoffnungsvoll. Sie erzählte mir, wie oft sie ihm schon gesagt hatte, dass ihr Geld egal sei, dass nur die Liebe zähle, dass sie ihn von Herzen gern beschenkte.

Aber ganz ehrlich war das auch nicht. Natürlich war Leonie Geld wichtig, ohne hätte sie ihrem Luxus ja nicht frönen können. Und ihr Freund wusste das auch. Obwohl Martin in sich durchaus gefestigt war, gab es bei ihm eine Schmerzgrenze.

Und darum ging es bei den beiden letztlich: in ein ehrliches Gespräch über Werte und Erwartungen zu kommen und gemeinsam nach den Schnittmengen, dem Verbindenden statt dem Trennenden zu suchen, jenseits der Stereotype unserer Gesellschaft. Denn nach wie vor wird der Besitz von Geld oft als etwas extrem Erstrebenswertes angesehen, und Menschen mit Geld werden anders wahrgenommen und behandelt als solche ohne. Leonie und Martin lebten in genau diesen beiden Welten und machten entsprechend unterschiedliche Erfahrungen. Bei Martin führte das bei aller Charakterstärke irgendwann zu einem nachhaltigen Gefühl der Kränkung, als ob Menschen mit weniger Geld eben Menschen zweiter Klasse wären.

Happy wife, happy life

Wenn ein Mensch gekränkt ist, bekommt er einen Tunnelblick und sieht nur noch das vermeintlich Schlechte. So hatte Martin auch die Fähigkeit verloren, sich an den schönen Dingen zu erfreuen, die Leonie ihm ermöglichte; denn die gab es durchaus. Die Rechnung ist letztlich ganz einfach: *happy wife, happy life*. Wenn sie wegen ihrer neuen Handtasche fröhlich war, profitierte er davon. Warum also sollte er ihr das madig machen, was ihr so gut gefiel? Es ging ihn genau genommen nichts an. Denn trotz ihres Konsumverhaltens schätzte er ihre großzügige Spendenbereitschaft für soziale Projekte; bei einer Charity-Veranstaltung für die Tafel hatten sie sich auch kennengelernt. Es gelang Martin, den Fokus auf diese Seite Leonies zu richten.

Natürlich könnte man hier die große Diskussion über Konsumverhalten aufmachen, aber runtergebrochen auf eine Beziehung, geht es darum, zu verstehen, was dem Partner guttut. Und wenn ich merke, dass sie gern Geld ausgibt, hat das nichts mit mir zu tun. Solange es ihr Geld ist. Sie und ihr Geld, ich und mein Geld und Punkt.

Wie viel Geld jemandem monatlich zur Verfügung steht, sagt nichts über seinen Wert als Mensch, über seine Liebesfähigkeit, über die Qualität seiner Beziehung aus. Doch wir leben in einer Leistungsgesellschaft, die diese Bewertung seit der Nachkriegszeit und dem Wirtschaftswunder unfassbar herausgestellt hat, sodass unterm Summenstrich zu stehen scheint, dass Menschen, die mehr Geld haben, mehr wert, interessanter, toller wären. Genauso wie man Ende des letzten Jahrhunderts nicht infrage stellte, dass man ein großes Auto, ein großes Haus brauchte, um zu zeigen, dass man »es« geschafft hatte. Was eigentlich? Sich selbst? Innerhalb kurzer Zeit hat sich das ins Gegenteil verkehrt. Das große Haus und das große Auto sind keine Beweise mehr dafür, was für ein toller Hecht man ist.

Ich rate meinen Klienten oft, in einer Beziehung darüber zu sprechen, was den Partnern Geld bedeutet: »Wie viel brauchst du auf dem Konto, damit du gut schlafen kannst?« Aber bitte in einem entspannten Zustand austauschen, nicht, wenn ihr über der Stromnachzahlung brütet, sondern mal zwischendurch bei einem entspannten Spaziergang oder wo auch immer.

Viele Männer befinden sich heute in der Situation, dass ihre Frauen erfolgreicher sind und mehr verdienen als sie. Das ist auch für modern denkende Männer mitunter nicht einfach, weil es mit tradierten Überzeugungen kollidieren kann. Manchmal steckt eine Frau ihrem Mann im Restaurant ihr Portemonnaie zu, eine kleine Ehrenrettung? Nein, darüber sollte mal geredet werden. Was ist so schlimm daran, wenn die Frau bezahlt? »Welcher Film geht da in deinem Kopf ab, Schatz? Können wir mal umschalten aufs 21. Jahrhundert?«

Gewiss, früher wurde die Rolle des Mannes oft auch darüber definiert, dass die Frau ihn als Geldautomaten benötigte. Diese Zeiten sind zum Glück weitestgehend vorbei, weniger Frauen sind heute wirtschaftlich auf ihre Männer angewiesen. Ist das nicht ganz wunderbar? Ein Mann kann sich endlich gemeint fühlen. Sie ist nicht mit mir zusammen, weil sie abhängig von mir ist, sondern aus freien Stücken. Insofern ist die zunehmende finanzielle Unabhängigkeit von Frauen ein Geschenk für Männer. Dem einen oder anderen Mann muss das aber erst noch klar werden. Das kann ihn mit eigenen Zweifeln konfrontieren. Bin ich allein ohne mein Portemonnaie liebenswert?

Die emotionale Brisanz hinter dieser Frage wird mit der zunehmenden Verkleinerung des Gender-Pay-Gaps und der Absicherung alleinerziehender Mütter noch zunehmen.

DREI FRAGEN, DIE DICH WEITERBRINGEN

- Wofür steht Geld für dich?
- Wie viel davon brauchst du als Puffer, um dich sicher zu fühlen?
- Wie sollte mit Geld in einer Beziehung umgegangen werden?

Warum bist du nicht, wie ich dich gern hätte?

Ich beginne mit einem Geständnis: Ich weiß noch immer nicht, warum viele Frauen der festen Überzeugung sind, dass sie, und nur sie, ganz genau wissen, wie alles am besten läuft. Vielleicht liegt es daran, dass unsere Welt so komplex ist, so vielfältig und undurchschaubar, dass wir uns oft ohnmächtig fühlen. Da ist es eine Wohltat, vom großen universellen Makrokosmos in den Mikrokosmos unserer Beziehung zoomen zu können. Wie es dort läuft, können wir beeinflussen, hier haben wir Handlungsspielraum – vorausgesetzt, unsere Partner spielen mit. Doch häufig kennen sie die Spielanleitung nicht, was wir als Verweigerung werten. Genauso gut könnte jedoch unsere eigene Erwartungshaltung als Verweigerung interpretiert werden, und zwar von Augenhöhe.

Gedankenlesen

Ich erinnere mich an eine Klientin, die sich unfassbar darüber aufregte, dass ihr Mann im gemeinsamen Zuhause so oft Gegenstände nicht wegräumte. Er nahm beispielsweise eine Schere aus der Schublade, öffnete damit eine Verpackung und legte die Schere dann auf die Ablage über der Schublade. Es machte meine Klientin rasend, dass er die Schere nicht in die Schublade zurücklegte. Oder dass er das Geschirr nicht in die Spülmaschine räumte, sondern auf der Maschine abstellte. Im Haushalt unterstützte er sie ansonsten vorbildlich – wobei auch das heute schon eine wirklich antiquierte Einstellung verrät, denn Haushalt betrifft alle, die in diesem Haus wohnen –, doch er war ihrer Meinung nach nicht fähig, verwendete Gegenstände an ihren Platz zurückzustellen. Oder sie zu bearbeiten. Meine Klientin drapierte beispielsweise ein defektes Armband auf seinem Schreibtisch. Dort lag es dann tagelang. Er machte keine Anstalten, es zu reparieren.

»Das sieht man doch!«, wiederholte sie im Coaching mehrmals. Doch offensichtlich sah ihr Partner es nicht, beziehungsweise er sah die Dinge vielleicht, doch er übersah den damit verbundenen Arbeitsauftrag.

Sie hatte in einem Buch gelesen, dass sie die Sache auf die Spitze treiben sollte, und stellte zu den unaufgeräumten Gegenständen von sich aus immer mehr andere. Alles hatte nach dem Urlaub mit einem Koffer begonnen, den sie ausgepackt, den ihr Mann aber nicht auf den Speicher gebracht hatte, was »sein Job« war, da sie sich auf der Leiter unsicher fühlte. Drei Tage nach dem Urlaub stand der Koffer noch immer im Flur. Meine Klientin hatte auf den Koffer andere Dinge gestapelt, die ihr ein Dorn im Auge waren: eine Taschenlampe, ein Ladekabel, eine Zeitschrift, eine Büchersendung, einen Schraubenzieher. Jedes Mal, wenn der Mann nach Hause kam oder das Haus verließ, wartete sie darauf, dass er ihre Installation im Flur bemerkte. Sie wartete vergeblich. Und allmählich kam es ihr so vor, als wollte er sie ärgern. Das musste er doch sehen, dass diese Dinge an ihren Platz gehörten!

Irgendwann explodierte sie, und es kam zu einem großen Streit. Ihr Mann fiel aus allen Wolken und konnte nicht nachvollziehen, weshalb sie sich »wegen ein paar Kleinigkeiten« so aufregte. Er fragte sie, wieso sie ihm nicht gesagt habe, dass er den Koffer auf den Speicher bringen solle. »Das sieht man doch!«, rief sie. »Du siehst das so«, erwiderte ihr Mann, zog seine Joggingschuhe an und verließ das Haus. So etwas hatte er noch nie gemacht, er war immer sehr höflich und respektvoll. Man ging doch nicht einfach mitten aus einem Gespräch heraus joggen!

Nachdem die erste Wut verflogen war, dachte meine Klientin noch mal über die Situation nach und gestand sich ein, ihr Mann könne ein kleines bisschen recht haben. Ihr wurde klar, dass sie sich selbst ausgetrickst hatte mit ihrer Erwartungshaltung – wenn er die Kofferinstallation sieht, räumt er die Sachen weg. Aber er hatte es gesehen und daraus keine Handlung abgeleitet. Und das Schlimmste daran war, dass meine Klientin das, wie sie nun begriff, persönlich genommen hatte.

Im Coaching erkannte sie auch, dass sie ganz automatisch davon ausgegangen war, ihr Mann würde ihre Gedanken lesen. Sie hatte den Satz »Das Gras ist lang« gar nicht erst ausgesprochen, sie hatte ihn nur gedacht. Du bekommst, was du willst, wenn du sagst, was du willst. Oder zumindest ist die Chance dann deutlich höher, als wenn du darauf hoffst, dass der andere es schon irgendwie so schnallt. Das ist für viele Frauen oft ein Problem. Sie kommunizieren eher indirekt, wie ich im Kapitel »Sprich mit mir!« ausgeführt habe.

Männer hingegen sind es je nach kindlicher Sozialisation oft noch gewöhnt, dass auf magische Weise hinter ihnen hergeräumt wird. Da hilft nur eins: darüber reden, und zwar wenn man sich gerade nicht über den anderen aufregt.

Rette mich (nicht)!

Wenn wir uns über etwas ärgern, wenn wir enttäuscht, gekränkt sind, dann liegt es oft nicht an anderen Menschen, denen wir das gern unterschieben, sondern an unserer Erwartungshaltung.

Nelly war mit ihrem Freund Tim auf einer Party. Sie kannten dort beide viele Leute, und irgendwann bildeten sich Grüppchen. Nelly mit einer paar Frauen in einer Gruppe und Tim mit ein paar Männern. Die Stimmung war heiter, die Gäste fühlten sich wohl, im Garten wurde getanzt.

Nelly holte sich ein Glas Wein aus der Küche und wurde dort von einem ihr unbekannten Mann angesprochen. Sie wechselten ein paar Worte, das Übliche: »Woher kennst du die Gastgeber?« und so weiter. Nelly fühlte sich unwohl, denn der Mann stierte auf ihr Dekolleté und unterschritt die übliche körperliche Distanz. Er rückte ihr regelrecht auf den Pelz. Durch die geöffnete Küchentür wechselte Nelly einen Blick mit ihrem Freund Tim, der noch immer im Kreis einiger Kumpels stand. Tim würde bestimmt merken, dass etwas nicht in Ordnung war. Doch er lächelte ihr nur kurz zu und wendete seine Aufmerksamkeit dann wieder den Freunden zu.

In diesem Moment nahm der fremde Mann Nelly das Weinglas aus der Hand. »Ist der gut?«, fragte er. »Lass mich mal probieren!« Er nahm einen Schluck aus ihrem Glas, wobei er sie nicht aus den Augen ließ und sie regelrecht in die Ecke drängte.

»Hey, das ist mein Glas!«, rief Nelly so laut, dass Tim immerhin aufsah. Doch abermals blieb er bei den Jungs. Entschlossen und wütend schlängelte sich Nelly mit ihrem Glas an dem Mann vorbei, ließ im Bad kaltes Wasser über ihre Hände laufen und kehrte dann zurück zur Party, auf der sie sich nun nicht mehr richtig wohlfühlte, wenngleich der zudringliche Gast sie keines Blickes mehr würdigte.

Auf der Heimfahrt im Auto war Nelly still. Das merkte Tim sehr wohl, denn normalerweise tauschten sie nach einer Party die Neuigkeiten aus, die sie erfahren hatten. »Stimmt irgendwas nicht?«, fragte Tim schließlich. Da explodierte Nelly. »Du hast doch genau mitgekriegt, wie mich dieser Typ in der Küche belästigt hat! Du hättest dich schon mal zu mir bequemen können, statt mich mit dem Widerling allein zu lassen!«

Die Szene hätte auch anders ablaufen können: Frech nahm der Mann Nelly ihr Weinglas aus der Hand und trank einen Schluck daraus, während er sie provozierend von oben bis unten musterte. Nelly schaute an ihm vorbei zu Tim, und der interpretierte ihren Blick als Notruf. Sofort kam er in die Küche, schaute dem anderen kurz in die Augen, legte den Arm um Nellys Taille und fragte: »Bringst du mir gleich auch noch ein Glas Wein rüber?« Er gab Nelly einen Kuss auf die Wange; und bevor er die Küche verließ, schaute er dem anderen noch einmal kurz und fest in die Augen.

Und wieder saßen Nelly und Tim auf der Heimfahrt im Auto, und Nelly war still, bis Tim fragte, ob sie sauer sei. Und ob! Nelly war sauer. Wir konnte Tim sie dermaßen bloßstellen! Er hatte sie behandelt, als wäre sie sein Eigentum. Lebte er in der Steinzeit? Was waren das für seltsame Anwandlungen, das Männchen verteidigt sein Weibchen. Nelly konnte sehr gut für sich selbst sorgen. Sie brauchte keinen Beschützer auf einer Party, der ein so albernes Gockelverhalten an den Tag legte ...

Jeder ist viele

Auch starke Frauen, die ganz gewiss keinen Mann brauchen, der sie vor einem Mammut beschützt, spüren manchmal den Wunsch, dass ein Mann sie verteidigt, für sie kämpft, sie beschützt. Und schämen sich vielleicht dafür. Denn mit diesem Wunsch zeigen sie ja wohl, dass sie selbst nicht allein klarkommen, oder?

Nein. Wir sollten nie vergessen, dass sich unsere Persönlichkeit aus vielen Anteilen zusammensetzt. Mal überwiegen diese, mal jene Anteile. Tim hatte eine fünfzigprozentige Chance, das Richtige zu tun. Und er selbst hat ja auch noch Persönlichkeitsanteile, die ihn wiederum steuern. Wenn wir uns das klarmachen, können wir unser Verhalten und das unseres Partners etwas toleranter sehen und andere Menschen nicht nur immer auf einen Aspekt festnageln. Denn unsere unterschiedlichen Persönlichkeitsanteile korrespondieren mit unterschiedlichen Bedürfnissen. Wenn wir diese Bedürfnisse externalisieren, also auf unseren Partner übertragen – woher soll er das wissen? Er hat keine Chance, und das wurde schließlich auch Nelly klar.

»Was hätte ich denn tun sollen?«, fragte Tim, als sie sich beschwerte, dass er sie angesichts des Rüpels im Stich gelassen hatte.

»Du hättest ihn zum Duell fordern können«, grinste Nelly, schon ziemlich versöhnt, weil Tim liebevoll auf sie einging.

»Ich habe gedacht«, blieb er ernst, »du bist eine so starke Frau, das regelst du allein. Für so was brauchst du mich doch nicht.«

»Ja, das stimmt«, gab Nelly zu. Aber ganz zufrieden war sie noch nicht. »Irgendwie wäre es trotzdem schön gewesen, wenn du zu mir gekommen wärst. Auch wenn es blöd klingt.«

»Nächstes Mal denk ich dran«, versprach Tim.

Es könnte allerdings sein, dass er damit dann genau das Falsche täte!

Ein Spruch besagt, ein Mann heirate eine Frau in der Hoffnung, dass sie bleibt, wie sie ist, während eine Frau einen Mann heiratet in der Hoffnung, dass er so wird, wie sie ihn gern hätte. Das gilt auch noch im 21. Jahrhundert. Viele Frauen behandeln ihre Beziehungen, ihre Männer wie Projekte. Warum ist das so? Ich habe bis heute keine befriedigende Antwort darauf gefunden. Vielleicht liegt es daran, dass Frauen prinzipiell so gern gestalten und meistens sehr klare Vorstellungen davon haben, wie etwas sein soll. Das versuchen sie dann durchzusetzen. Klappt es nicht, schlagen sie Alarm. Der Mann hat es lieber ruhig und gemütlich und gibt nach. Alles gut? Von wegen! Denn wenn er immer nachgibt, besteht die Gefahr, dass sie die Achtung vor ihm verliert. Hat er keine eigene Meinung? Ist er ein Jasager? Auch hier sehen wir: Egal, was ein Mann tut, er muss immer damit rechnen, dass es das Falsche ist.

Und wie fühlt sich das wohl an, wenn man ständig hört, dass man »nicht richtig« wäre? Dass man an sich arbeiten müsse? Dass man etwas nicht verstünde? Wenn ich manchmal in Coachings höre, wie hartnäckig Frauen am »Projekt Mann« feilen, tut mir der eine oder andere aufrichtig leid. Manche von ihnen ergreifen dann auch die Flucht, meistens jedoch erst, wenn sie eine Alternative haben. Frauen wiederum trennen sich vom Partner, wenn sie das Gefühl haben, das ganze »Projekt Beziehung« funktioniere nicht; dann gehen sie, ohne jemand Neues zu haben. Was Männer oft gar nicht verstehen können und immer wieder insistieren: »Nun sag doch. Du hast doch einen Neuen? Wo hast du ihn kennengelernt?«

Nein, sie hat keinen neuen Mann. Sie kann sich selbst ein neues Nest bauen. Er braucht eine Frau, die ihm eins baut? Ich weiß es nicht, es ist einfach nur eine Beobachtung.

Und wie geht es dann weiter? Happy End? Nein, meistens wird das alte Spiel fortgesetzt. Frauen sind nun mal Frauen, und Männer sind Männer. Doch wenn wir zusammenschmeißen – all unsere Fähigkeiten, Besonderheiten, komischen Verhaltensweisen, einfach alles –, dann kann daraus etwas wirklich Großes entstehen. Nenn es Lebendigkeit, nenn es Verbundenheit, nenn es Beziehung oder Freundschaft. Nenn es wahre Liebe.

DREI FRAGEN, DIE DICH WEITERBRINGEN

- Hand aufs Herz: Welche Rollenverteilung gilt für dich?
- Welche unausgesprochenen Erwartungen hast du an deinen Partner?
- Wenn er genau so bliebe, wie er gerade ist – wärst du dann noch mit ihm zusammen? Ohne Hintergedanken?

Sex und so

Machen wir uns mal nichts vor! Das größte Problem beim Sex ist das Tageslicht. Oder die Lampe? Zumindest für die meisten Frauen. Denn dann wäre ihr Körper ja zu sehen, und guter Sex hängt für viele Frauen auch davon ab, ob sie gesehen werden oder nicht. »Schau nur mich an« gilt hier nicht. Beim Sex möchten Frauen lieber im Dunkeln bleiben. Sie wollen nicht, dass die Speckröllchen am Bauch sichtbar werden oder die Cellulite am Hintern. Auch wenn sich in den sozialen Medien Frauen vermehrt für Body Positivity einsetzen, ist es trotzdem leider noch eher eine Randerscheinung. Gefeiert werden viel zu oft nach wie vor die dünnen, straffen, gestylten Körper. Sich dem zu entziehen und sich davon nicht beeindrucken zu lassen, das kriegen nur die wenigsten Frauen hin.

Blöderweise wollen Männer aber gern sehen, denn das turnt sie an. Und sie interessieren sich weit weniger für die angeblichen Mängel, die wir Frauen an uns wahrnehmen.

Nun könnte man sich als Paar ja gechillt darüber unterhalten, dass die Frau sich wohler mit Dämmerlicht fühlt und der Mann gern

die grelle Stehlampe einschaltet. Doch über Sex reden ist ja noch viel komplizierter als der Sex selbst. Wenn wir aber nicht sagen, was wir wollen, woher soll der Partner, die Partnerin das wissen? Liebe bewirkt vieles. Gedankenlesen gehört nicht dazu.
Wie spreche ich Sex also an?
Wie immer am besten in einer ruhigen und zugewandten Atmosphäre ohne Zeitdruck. Da Sex für viele Menschen ein sensibles Thema ist, sollte es möglichst ohne große Dramatik angesprochen werden, also nicht groß angekündigt à la »Schatz, ich muss mit dir reden«, sondern eher nebenbei angemerkt, dass man gern mal was ausprobieren oder verändern würde. Und dann wartet man ab, wie der andere darauf eingeht.

Was man nicht tun sollte, ist, ein Ratespiel daraus zu machen: »Du, wie findest du denn unseren Sex?« Oder: »Gefällt dir eigentlich, was wir im Bett so machen?« Egal, welche Frage man stellt, dein Gegenüber wird mindestens irritiert sein oder misstrauisch werden und eine Kritik erwarten. Damit erreicht frau das genaue Gegenteil von dem, was sie will. Gespräche über Sex sollten möglichst konstruktiv und nach vorn orientiert geführt werden – also keine Auflistung dessen sein, was bisher nicht so toll war, sondern das kommunizieren, was man sich fürs nächste Mal wünscht.

Sexmärchen

Beim Thema »Sex« begegnet mir in meiner Arbeit oft das Gegenteil von dem, was in den Medien als Schlagzeile dient, also dass zum Beispiel alle total viel Sex haben.
Nein, das stimmt nicht. Ganz oft wird Sex als Mangelware gehandelt, und darunter leiden immer mehr Frauen, oft der mittelal-

ten Generation, so ab Mitte vierzig. Sie sind mit Männern zusammen, die keinen Sex haben (wollen). Das liest sich wie verkehrte Welt, nicht wahr? Und auch hier steht das offene Gespräch darüber an, warum das so ist. Und ob das für beide so okay ist und welche Art von körperlicher Nähe oder Intimität denn das Minimum sein soll, mit dem beide klarkommen.

Es gibt Paare, die sind glücklich miteinander und haben nur einmal im Monat Sex, einmal im Jahr oder einmal alle zehn Jahre … Und andere haben jede Woche Sex, gern mehrmals. Jede Variante davon ist in Ordnung, solange sie für beide passt.

Beim Sex gibt es kein Normal außer den normalen Märchen. Wie gesagt: Wenn beide sich damit wohlfühlen, ist dreimal am Tag genauso richtig wie einmal im Monat. Doch entgegen der landläufigen Meinung, dass Männer immer wollen und Frauen Migräne vorschieben, höre ich in meinen Coachings von Frauen, dass sie sich deutlich mehr Sex wünschen würden und dass Sex für sie auch mehr ist als rein-raus. Es geht ihnen um körperliche und emotionale Nähe: den anderen spüren, Zeit und Sinnlichkeit miteinander erleben – also all das, was stereotyp in vielen amerikanischen Filmen bei Sexszenen nicht vorkommt.

Da laufen Liebesszenen meistens ganz anders ab, als ich und du sie kennen, vermute ich mal. Ich muss meistens lachen und hoffe, dass niemand glaubt, es sei eine Steilvorlage. Sie schaffen es gerade noch in die Wohnung, dann knallen sie an eine Wand, irgendwas geht zu Bruch, sie reißen sich die Klamotten vom Leib, Schnitt, nächster Morgen. Das Kontrastprogramm gibt's dann auf Instagram, wo kiloweise Infoposts durch die Timeline rollen, was guten Sex wirklich ausmacht. Das ist alles egal. Gut und richtig ist, was beiden gefällt. Punkt.

Was wünschst du dir, was macht dich an, was wünscht dein Partner sich, was macht ihn an? Kann es sein, dass du als Frau weißt, was ihn in Fahrt bringt, während er im Dunkeln tappt? Ich kenne sehr viele Frauen, die beim Sex nicht das bekommen, was sie gern hätten. Weil sie es sich nicht zu äußern trauen. Sie kühlen sich dann runter, indem sie sich selbst erzählen, dass Sex überschätzt wird. Wichtiger seien andere Dinge in einer Beziehung. Sonst läuft ja alles prima. Brüderchen und Schwesterchen, WG, beste Freunde. Und wenn hin und wieder ein Funke fliegt, hat man verlernt, wie das geht mit dem Sex, und zwar nicht nur im (relativ) hohen Alter von, sagen wir mal, ab fünfzig, sondern lange davor.

All in one

Manchmal habe ich das Gefühl, dass vor allem Frauen sich mehr Sex wünschen, weil sie damit auch andere Bedürfnisse stillen. Das kommt ans Licht, wenn ich sie frage, warum ihnen Sex mit ihrem Partner so wichtig ist. Sie könnten sich ja auch selbst helfen, Spielzeug dafür gibt es genug, wenn sie Druck ablassen, entspannen wollen. Aber Sex ist eben mehr als bloß ein körperlicher Akt. Frauen wollen Sex mit ihrem Partner, weil er oft auch eine Stellvertreterfunktion hat. Nachts im Bett werden Risse gekittet, die sich vielleicht tagsüber aufgetan haben. Man befriedet und erneuert sein Bündnis. Durch die körperliche Nähe wird die Distanz abgebaut, die man sonst vielleicht empfunden hat, Nähe, die man auch vermisst hat im Alltag.

Nähe ist enorm wichtig für uns Menschen als soziale Wesen, also auch Haut spüren, riechen, schmecken. Wenn man sich in einem stressigen Alltag manchmal wie eine Maschine vorkommt oder wenn das Leben mal so groß und man selbst so klein ist, dann tröstet die Nähe mit dem geliebten Menschen ungemein. Sex ist da gar nicht so wichtig, aber er ist ein Mittel zum Zweck, um genau diese Nähe und Geborgenheit zu bekommen. Oder wenn man Angst hat, verlassen zu werden, kann man Sex als Klebstoff benutzen. Ein Klebstoff, der in manchen Beziehungen als Allheilmittel eingesetzt wird.

Sex kann aber auch als Belohnung spendiert werden für Wohlverhalten und als Bestätigung seiner tollen Männlichkeit – oder um Minderwertigkeitsgefühle zu dämpfen. Sex kann Eifersüchtige kurzfristig beruhigen und Gesundheitsbewussten das gute Gefühl geben, ihre Hormone angekurbelt und das Herz-Kreislauf-System in Schwung gebracht zu haben. Der Beckenboden freut sich über das Fitnesstraining. Und ein paar Kalorien werden je nach Leidenschaft zusätzlich verbrannt.

Alle diese Motive sind okay, nun ja, fast alle. Aber sie sollten dir bewusst sein. Und was bleibt vom Sex, wenn du das alles mal abziehst, wenn du ihn ganz nackig machst und das Licht anknipst ...? Einfach Sex.

Und dann? Fühlen wir uns prickelnd, lebendig, attraktiv, begehrt. Man sieht es uns sogar an am funkelnden Blick, dem Hauch von Rosa auf den Wangen. *Guter* Sex schenkt Lebensfreude. Ich betone hier das Wort »gut«, da es auch sehr viel schlechten Sex gibt, vermutlich viel mehr als guten. Für Letzteren müssen wir uns oft ein wenig ins Zeug legen.

Erfahrung macht den Meister

Ich denke mir, dass man sich als ungebundener Mensch gern lustig durch die Welt vögeln darf, so viel man will – Erfahrungen sammeln, so vielfältig wie möglich. Wenn man sich dann irgendwann auf eine Beziehung mit Zukunftsperspektive einlässt, weiß man sehr genau, was man daran hat, was der Unterschied ist. Und man hat einiges gelernt, was diese Beziehung auch sexuell für beide Seiten erfüllend gestalten kann.

Wie oft sind Menschen vor allem in vergangenen Jahrhunderten bei uns und woanders auf der Welt auch heute noch völlig unerfahren in eine sexuelle Beziehung geworfen worden! Aus Scham konnten sie nie darüber sprechen, was sie sich wünschen, was ihnen nicht gefällt; und sie blieben ihr Leben lang unglücklich. So verwandelte sich Lust in Schmerz. Wie tragisch!

Schmerzen kann es auch, wenn die sexuelle Attraktivität spürbar nachlässt. Das merken vor allem Frauen um die Zeit der Wechseljahre. Auf einmal werden sie unsichtbar. Sie werden nicht mehr wahrgenommen als sexuelle Wesen, eher als graue Dinger, vielleicht wie Betonpfosten im Verkehr.

Manche Klientinnen berichteten mir von diesem Phänomen bereits mit Anfang, Mitte vierzig. Sie sehen einen attraktiven Mann, schauen ihm in die Augen, und er blickt durch sie hindurch. Er nimmt sie nicht mehr wahr. Wie den bereits öfter zitierten Wäscheständer.

Dieses Schicksal trifft auch Frauen in Saft und Kraft, attraktive, strahlende Frauen, wie andere Frauen sie sehen. Doch für Männer scheinen sie häufig nicht mehr zu existieren. Ob es ein Organ gibt, das wir noch nicht entdeckt haben und das die Fruchtbarkeit einer Frau erkennt? Und wenn sie sich nicht mehr fortpflanzen kann, ist sie als Beute für den Mann nicht mehr im Rennen? Der wiederum profitiert von seinen grauen Schläfen. Ein Mann altert ja nicht, er wird nur »reifer«. Was für eine Ungerechtigkeit! Manche Frauen versuchen dann auf Teufel komm raus zu beweisen, dass sie sexuell noch attraktiv sind. Doch Männer, die vom Alter gut zu ihnen passen würden, interessieren sich nur für deutlich jüngere Frauen. Das ist sehr schmerzhaft. Und es bringt auch auf Dauer nichts, den Kampf gegen das Altern aufzunehmen, um sich irgendwas zu beweisen. Was beweist man sich auch damit, wenn man einen Sexpartner findet? Dass man noch attraktiv ist. Braucht es dazu einen Fremden? Immer mehr Frauen empfinden die sogenannten Wechseljahre als Chance. Dass sie endlich frei werden von dem ganzen Geschlechtergedöns und ihr Ding machen. Was ja nicht heißt, dass frau nicht mehr nach Herzenslust vögeln kann. Vielleicht geht es jetzt erst richtig los ...

DREI FRAGEN, DIE DICH WEITERBRINGEN

- Wie wichtig ist dir Sex und in welcher Qualität?
- Kannst du deine Wünsche offen äußern, und wenn nicht, wie könntest du das üben?
- Wenn du eine Sex-Wunschliste hättest, was müsste da drauf, und wie könntest du das bekommen?

Streitkultur: Verknallung, Verliebung, Verpuffung?

Hach, am Anfang ist alles so toll. Diese Phase der Verknallung und wenn sie schließlich in Verliebung übergeht. Was kann es Schöneres geben? Und dann, im statistisch berühmten vierten Jahr: bähm! Da knallt sie rein: die Verpuffung! Was bis dahin reizvoll war, wird irritierend, was interessant war, nervig. Und jetzt? Schaffen die beiden den Sprung aufs nächste Beziehungslevel, oder verpufft die Liebe?

Bei allen Problemen, die wir in Beziehungen haben können, entscheidet selten die Schwere des jeweiligen Problems darüber, ob wir es zu lösen vermögen oder nicht. Entscheidend ist die Qualität unserer Streitkultur, wie konfliktfähig wir sind und welche Macht wir dem Problem geben.

Bei einem Paar im Coaching war die Lage sehr verzwickt. Die beiden kamen auf seinen Wunsch hin zu mir. Es ist immer gefährlich, wenn nur einer das Coaching will. Ich checke in der ersten Session stets ab, ob der andere auch wirklich will oder nur mitgeschleppt worden ist. Ist Letzteres der Fall, stehen die Chancen schlecht, dass sich durch das Coaching etwas ändert. Beide müssen es wollen. In dem Fall hatte sie sich bereit erklärt, sich das zumindest mal anzuhören.

Bei dem Versuch, zu verstehen, was das Problem sei, stellte sich heraus, dass das eigentliche Thema der beiden grundsätzlicher Natur war. Es ging nicht um Geld, den Urlaub, die Wahl der Restaurants, sondern darum, wer das Sagen hatte. Jede Diskussion, so beschrieb Alex die Situation, würde zu einem Machtkampf. Bina schüttelte sofort den Kopf: »Das stimmt gar nicht.« Und Alex rollte genervt die Augen.

Damit die Liebe in einer Beziehung nicht irgendwann verpufft, brauchen Paare einen guten Weg, miteinander Konflikte zu lösen. Falls es immer wieder knallt, ergibt es durchaus Sinn, auf die Herkunftsfamilien zu schauen. Wie wurde da gestritten? War es okay, Konflikte zu haben, oder galten Auseinandersetzungen als etwas Bedrohliches?

Im Kern geht es um zwei Pole: Entweder wird Streit und Konflikt als Bedrohung oder Gefährdung empfunden oder als etwas, was eben unvermeidbar ist und gelöst werden muss, mir aber keine Angst macht. Wenn ich es als Bedrohung empfinde, dann ist der Sprung zum Machtkampf nur sehr kurz. Denn gegen eine Bedrohung muss ich mich wehren. Auf in die Schlacht!

Doch nur weil ich etwas als Bedrohung empfinde, heißt es nicht, dass es eine ist. Und genauso war es auch bei Alex und Bina. Alex war in einer großen Familie aufgewachsen mit vielen Geschwistern, da wurde permanent gestritten, aber die Eltern achteten sehr darauf, dass jedes Kind zu seinem Recht kam, dass der Tonfall nett und fair blieb. In Binas Familie ging es hingegen zwischen den Eltern oft hoch her, und es wurde sehr hässlich gestritten mit persönlichen Angriffen, Beleidigungen und Liebesentzug. Folglich lernte Bina, dass Konflikte etwas Schlimmes sind, bei dem es um Sieg oder Niederlage geht. Mit dieser Konfliktprägung traf sie auf Alex, für den Konflikte gar nichts mit Macht, sondern mit gleichberechtigter Auseinandersetzung zu tun hatten.

Oft ist uns nicht bewusst, welche Muster in unser Konfliktverhalten mit hineinregieren, welche Überzeugungen da mitstreiten. Und solange es uns nicht bewusst ist, reagieren wir automatisch, egal, ob unsere Reaktion zum aktuellen Anlass passt oder nicht.

Bei Alex und Bina dröselten wir im Coaching gemeinsam auf, welche Konfliktmuster in ihnen aktiv waren und welche Alternativen es dazu geben konnte. Für Bina ging es im Streit quasi immer ums Ganze, sie konnte sich nicht entspannt auf das eigentliche Thema konzentrieren, weil die Erfahrungen ihrer Kindheit sofort alle schlechten Gefühle von damals reaktivierten. Vor allem das Gefühl von Ohnmacht, denn als Kind hatte sie sich bei den Streitereien der Eltern völlig überfordert und hilflos gefühlt. Und das beste Mittel gegen Hilflosigkeit ist, nach Macht zu streben. Deshalb waren Konflikte für sie Kämpfe um Macht, wobei sie gar nicht die Macht im eigentlichen Sinne zum Ziel hatte, sondern sich auf keinen Fall mehr hilflos fühlen wollte. Alex' Entspanntheit im Streit machte Bina geradezu misstrauisch und verunsicherte sie zusätzlich, folglich musste sie noch mehr darum kämpfen, das letzte Wort, sprich die Macht, zu haben.

Als dieses Motiv und die Mechanismen im Coaching sichtbar wurden, fiel es auch Alex leichter, zu verstehen, was in Bina vor sich ging. Allein das führte schon dazu, dass er besser mit ihren Reaktionen umgehen konnte. Und für Bina bestand die Herausforderung darin, aktiv umzulernen, zu verstehen, dass Alex nicht ihre Eltern war und dass ihr Kampf um Macht – als Mittel gegen die Angst vor Hilflosigkeit – ihre Beziehung letztlich massiv gefährden würde, denn bei allem Verständnis wollte Alex nicht auf

Dauer diese Stellvertreterkriege mit ihr führen, sondern eben entspannte Auseinandersetzungen.

Ich persönlich habe ein paar goldene Streitregeln für mich selbst festgelegt. Vielleicht helfen sie dir, liebe Leserin, ja auch: Wenn ich mich angegriffen fühle, halte ich die Klappe, bis der erste Schmerz oder Schreck vorbei ist. Ich möchte die Situation nicht durch eine unüberlegte Reaktion schlimmer machen.

Ich versuche, meine Gefühle und meine Interpretation von der Sache zu trennen. Worum geht es also in der Sache? Und was macht es mit mir? Und erst wenn ich das sauber voneinander getrennt habe, kann ich mit meinem Partner weiter darüber sprechen. Das führt dazu, dass wir bestimmte Themen manchmal in ganz kleinen Häppchen über Tage verhandeln. Das gibt uns immer wieder Zeit, uns zu justieren, nett zueinander zu bleiben und nicht nur unsere Gefühle regieren zu lassen. Denn das wollen die unbedingt, vor allem wenn es Gefühle wie Enttäuschung, verletzter Stolz oder Machtlosigkeit sind.

Ich halte Konfliktgespräche so kurz wie möglich, ohne Nebenkriegsschauplätze. Das bedeutet, wirklich nur *ein* Thema zu besprechen und nicht alles, was ich schon immer mal loswerden wollte.

Jede Art von Beleidigung ist tabu. Es gilt das alte Sprichwort »Was du nicht willst, das man dir tu ...«. Ich möchte nicht beleidigt oder angeschrien werden, also tue ich das auch nicht. Kochen meine Gefühle so hoch, dass ich mir nicht sicher bin, ob ich das durchhalten kann, vertage ich das weitere Gespräch und sage: »Ich kann gerade nicht mehr. Lass uns morgen weitersprechen.«

Mein Partner ist nicht mein Feind. Das Ziel eines jeden Konflikts muss sein, dass wir beide damit leben können. Es geht nicht ums Gewinnen, es geht ums Miteinander.

Mit diesen Regeln fahre ich ziemlich gut, auch wenn sie mich manches Mal sehr fordern. Denn natürlich bin auch ich eine Frau, die selbstverständlich immer mal wieder sehr viel besser als ihr Partner weiß, wie etwas zu laufen hat. ;-)

Sprich mit Casy

Liebe Leserin,

ich hoffe, ich habe dir ein paar Anregungen für eine glücklichere und entspanntere Beziehung geben können. Am Ende können wir nur uns selbst ändern und nie den anderen. Ist blöd, ich weiß. Aber wenn wir uns auf diesen Weg begeben, gewinnen wir immer: Selbsterkenntnis und Souveränität. Vermutlich streiten wir auch weiterhin oder schütteln hin und wieder den Kopf über die Gattung Mann, aber möglicherweise etwas weicher und gelassener.

Und wenn du mal feststeckst und nicht weiterweißt, vielleicht magst du dann auf meinem YouTube-Kanal bettercallcasy vorbeischauen oder mit mir direkt Kontakt aufnehmen: www.bettercallcasy.de

Ich freue mich auf dich!

Online-Zusatzmaterial: Übungsblätter

Am Ende jedes Kapitels konntest du meine »Drei Fragen, die dich weiterbringen« beantworten. Sie sind eine Einladung zum Reflektieren – über dich und deine Situation. Falls du dich und deine Beziehungsmuster noch besser kennenlernen möchtest, dann unterstützen dich einige weiterführende Reflexionsübungen, jeweils passend zu den einzelnen Kapiteln, die du hier abrufen kannst:
www.penguinrandomhouse.de/Zusatzmaterial-zu-Warum-bist-du-nicht-wie-dich-gern-haette-von-Casy-M-Dinsing/aid93286.rhd

Literatur

Dr. Phillippa Lally: »How are habits formed. Modelling habit formation in the real world«, Oktober 2010, in: *European Journal of Social Psychology* 40 (6), S. 998–1009.

Richard David Precht im Interview mit *Leben & Erziehen*: »Richard David Precht über Kinder und Philosophie«, Februar 2012, Online: https://www.leben-und-erziehen.de/promi-eltern/richard-david-precht-15742.html (zuletzt aufgerufen am 19.4.2023).